金融・ファイナンス入門

釜江廣志 [著]
皆木健男

同文舘出版

はしがき

　わが国ではビッグバン後の規制緩和が進展するとともに，グローバルな競争も激化して，金融・証券市場は激動期を迎えている。本書は金融論の入門書であり，ファイナンスと証券論にもかなりのウエートを置いている。本書の目的は金融と証券市場の最近の動向と変化を解説すること，経済学の分析用具を使って金融とファイナンス・証券の理論的な基礎を説明すること，現在の市場を作り出した歴史的経緯をたどることであり，これらを目指そうとする入門的なテキストである。

　本書は主な読者として，大学の経済・経営・商学部あるいは文系学部などの1，2年生で，経済学入門程度の知識はもっているが金融と証券市場についてほとんど予備知識をもたない学生諸君を想定している。数式は極力用いない，難解な部分は各章の章末の付論や補論に移す，また，本文中の用語でわかりにくいものについては用語解説を付ける，などしている。本文はなるべく言葉だけで説明するよう試みており，たどるのが面倒であれば章末の付論や補論はスキップしてもよく，本書読了後には次の段階のテキストに進むことができるであろう。

　なお，経済学のうちマクロ・ミクロ経済学などの予備知識があれば本書はいっそう読みやすくなると思われる。たとえば，

　　釜江廣志・大塚晴之「マクロ経済学基礎演習」
　　　　同　　　　「ミクロ経済学基礎演習」（ともに同文舘出版刊）
なども参考にして頂ければ幸いである。

　最後に，本書の刊行に際し同文舘出版㈱専門書編集部の青柳裕之氏にいろいろと配慮を賜ったことにお礼申し上げる。

　本書の対象とする金融と証券市場は日々変化を遂げている。読者のみなさんのご意見を聞きながら，今後も適切に改訂していきたい。

2010年11月

　　　　　　　　　　　　　　　　　　　　　　　　　　　　著者記す

目次

第1章 貨幣と金融 …………………………………………… 1

❶ 金融の機能 ───────────────── 2
①金融の主な機能 ……………………………………………3
②情報の非対称性 ……………………………………………6

❷ 資金循環 ─────────────────── 7
①金融システム ………………………………………………7
②資金循環勘定 ………………………………………………9

❸ 金融機関の機能 ─────────────── 12
①さまざまな金融機関 ……………………………………… 12
②間接金融と直接金融 ……………………………………… 13
③金融機関の分類 …………………………………………… 15
④銀行の業務 ………………………………………………… 16
⑤金融仲介機関の機能 ……………………………………… 18
⑥ホールセール業務とリテール業務 ……………………… 18
⑦リージョナル・バンク …………………………………… 19
⑧普通銀行以外の金融機関 ………………………………… 19
付論1　逆選択 ……………………………………………… 29
付論2　モラル・ハザード ………………………………… 30
付論3　間接金融の役割とメリット ……………………… 31
付論4　証券化 ……………………………………………… 33

第2章 金融と証券 …… 35

❶ 金融市場の分類 ― 36
- ①短期金融市場 …… 37
- ②長期金融市場 …… 42

第3章 近年の日本の金融と証券の状況 …… 45

❶ 1980年代 ― 46
- ①国債の大量発行 …… 46
- ②金融自由化 …… 46
- ③株式持合の変化 …… 47
- ④金融ビッグバン …… 48

❷ 90年代以降の金融・証券制度の改革 ― 49

❸ 財政投融資の改革 ― 49

第4章 家計の金融行動と資産選択 …… 51

❶ 消費と貯蓄の決定 ― 52

❷ リスクとリターン ― 52
- ①資産の選択 …… 52

②資産選択理論 ································· 53
　　③3タイプの投資家 ····························· 53
　　④安全資産と危険資産 ··························· 55

❸ 投資家の選択対象 ─────────── 56
　　①機会軌跡 ··································· 56
　　②投資家のポートフォリオ ······················· 56

❹ 最適ポートフォリオ ─────────── 60
　　①最適ポートフォリオの選択 ····················· 60
　　②分離定理 ··································· 61

❺ 家計の資産保有の状況 ─────────── 61
　　付論5　危険回避者の効用曲線 ···················· 63
　　付論6　危険回避者の無差別曲線 ·················· 64
　　付論7　ポートフォリオの分散 ···················· 65
　　補　論　統計の初歩 ···························· 68
　　　①平均値と分散 ······························ 68
　　　②変数間の関係 ······························ 69
　　　③確率変数の公式 ···························· 70

第5章
企業の金融行動 ································· 73

❶ 企業の金融行動 ─────────────── 74
　　①現在価値と正味現在価値 ······················· 74
　　②内部収益率 ································· 75
　　③調達方法 ··································· 76

❷ 資本構成 ———————————————— 77
　付論 8　MMの第1命題 ·· 79

第6章
金融政策 ··· 87

❶ 中央銀行 ———————————————————— 88
　①日本銀行の役割 ·· 88
　②金融政策運営主体としての日本銀行 ····················· 89
　③日本銀行の独立性 ·· 90

❷ IS-LMモデル ——————————————————— 90
　①ケインジアン交差図 ··· 91
　②IS曲線 ·· 92
　③LM曲線 ·· 93

❸ 金融政策の方法 ——————————————————— 99
　①マクロ金融政策の政策手段 ···································· 99
　付論 9　IS-LMモデルを用いた金融政策の分析 ············· 102
　付論10　金融政策の波及経路 ································· 105
　付論11　金融政策の諸問題 ····································· 107
　付論12　中間目標の設定 ·· 109
　付論13　インフレ・ターゲット ······························· 111

第7章
株式と債券 ……………………………………… 113

❶ 証券と証券業 ——————————— 114
①証券 …………………………………………… 114
②証券業 ………………………………………… 114
③株式と債券の比較 …………………………… 114

❷ 株式と債券 ——————————————— 115
①株主の権利 …………………………………… 115
②株式の種類 …………………………………… 115
③株式の評価尺度 ……………………………… 116
④株価指標 ……………………………………… 116
⑤債券の種類 …………………………………… 116
⑥国債の発行方法 ……………………………… 117
⑦債券発行市場の動向 ………………………… 118
⑧債券の利回り ………………………………… 118

❸ 証券流通市場 ——————————————— 119
①取引所取引と店頭取引 ……………………… 119
②新興株式市場 ………………………………… 120

第8章
デリバティブ …………………………………… 123

❶ デリバティブとは ———————————— 124
①デリバティブ ………………………………… 124

②デリバティブ取引の現況 …………………………………… *124*

❷ 先物とオプション ━━━━━━━━━━━━ *125*
　　①先物市場の役割 ……………………………………………… *125*
　　②先物の仕組み ………………………………………………… *126*
　　③債券以外の先物 ……………………………………………… *127*
　　④オプション …………………………………………………… *127*
　　付論14　オプション取引による損益 ………………………… *129*

第9章 日本の金融証券制度の歴史 …………… *131*

❶ 戦前の制度と市場の状況 ━━━━━━━━━━ *132*
　　①明治期の金融・証券制度の整備 …………………………… *132*
　　②戦間期 ………………………………………………………… *133*
　　③戦時期 ………………………………………………………… *134*
　　④戦前の金融構造 ……………………………………………… *134*

❷ 戦後の制度と市場の状況 ━━━━━━━━━━ *135*
　　①特殊銀行体制の再編 ………………………………………… *135*
　　②戦後の証券市場 ……………………………………………… *135*
　　③高度成長期 …………………………………………………… *136*
　　④業務分野規制と内外市場の分断 …………………………… *137*
　　⑤長期国債の発行再開 ………………………………………… *137*

用語解説 ……………………………………………………………… *139*
索　　引 ……………………………………………………………… *149*

第1章

貨幣と金融

本章では貨幣とは何か，金融とは何かから始めて，各種の金融機関の役割なども考える。

1 金融の機能

金融とはなにか？

まず本節では金融という言葉を定義する。みなさんは金融と聞くと，すぐに思い浮かぶのは"お金"ではないだろうか。確かに"お金＝貨幣"も金融論の中で重要なキーワードである。"お金＝貨幣"は，財・サービスを購入できる力である。学食に行き，お茶・サラダ・カレーを手に入れる代わりに，貨幣を支払う。欲しいものを手に入れることができる力，これを購買力という。

また，日常生活の中で金融というキーワードを聞かない日はない。このテキストを書いている2010年8月にも「日銀の金融政策」について盛んにメディアで取り上げられていた。円高も最近のよくあがる話題になっている。そんな中，日銀が金融政策を行う可能性があることを発表しても市場がまったく反応しないことがあった。これは政治の問題があったため，もしくはすでにその効果を織り込み済みであると考えられていたためである。中国の元の切り上げやギリシャの財政問題も記憶に新しい。

上でみたように，世の中には金融に関わる多くの事柄や機関が存在しているが，みなさんにとっては，銀行が最も身近な金融機関だろう。銀行のATMを利用する人は多い。ATMを利用する人は銀行に口座を持っているわけであり，銀行に預金すること自体，金融に関わっていることになる。銀行などの金融機関のほかにも，家を購入するときに利用する住宅金融支援機構（旧住宅金融公庫），**消費者金融**なども金融の1つである。こうした金融に関わる事柄を理解するためにも，金融そのものを知ることは重要である。そこでまず本節では，金融を定義し，そのあとで金融の機能について説明していく。

金融とは，今必要としている以上にお金を持っている人や会社が，お金

を必要としている人や会社に,「お金」を「融通」することである。これらの言葉の「金」と「融」の一文字ずつをつなげたのが金融である。少しだけ経済学的に,これを表現すると,資金余剰主体から資金不足主体に資金を融通する,資金の貸借取引であると言い換えることができる。

① 金融の主な機能

次に金融には主に3つの機能が存在する。資金の仲介機能,リスクの配分機能,決済サービスの機能(流動性の供給)の3つである。

(1) 資金の仲介機能

お金の融通を仲介する機能を資金の仲介機能という。また学食の例を使って考えよう。昼休みに友達と学食に行く。すると財布を忘れたことに気がつく。おそらくATMに行くよりは友達にお金を借りることを選択する。翌日返すという約束で1,000円を借りた。この契約は今日のお金と明日のお金の貸借契約であるとみなすことができる。今日と明日という時間(時点)の違いを考えると,これを異時点間の取引とよぶことがある。友達が持っていた現時点でのお金を,明日という将来時点でのお金と取引するということを意味しているからである。

先ほど銀行に預金すること自体,金融に関わっていることになると述べた。これは,現時点では支出する必要がない資金を現金のまま保有するのではなく,銀行に預けて将来のある時点で必要になったら引き出すという取引を行っていることである。普通預金,定期預金には利子がつくなどのメリットもある。資金運用はこれと同じである。株式投資や債券投資は,現時点で余裕のある資金を,より良い条件で運用し,将来時点に資金を増やすことも可能となる。

(2) リスクの配分機能

経済活動を行う際に負担するリスクを分担する働きを，リスクの配分機能（リスク・シェアリングやプーリング）とよぶ。資金取引にはリスク（ここでは将来の不確実性と考える）がともなう。

現時点である企業の明日の株式価格を予測するとしよう。このとき，株価は上昇する，下落する，現状のまま変化しないという3つのパターンが考えられる（ただし，ここではその変化の大きさまでは考慮していない）。たとえば，パターン1で株価上昇，パターン2で株価下落，パターン3で株価維持であるとする。

図1-1　株価とその変動パターン

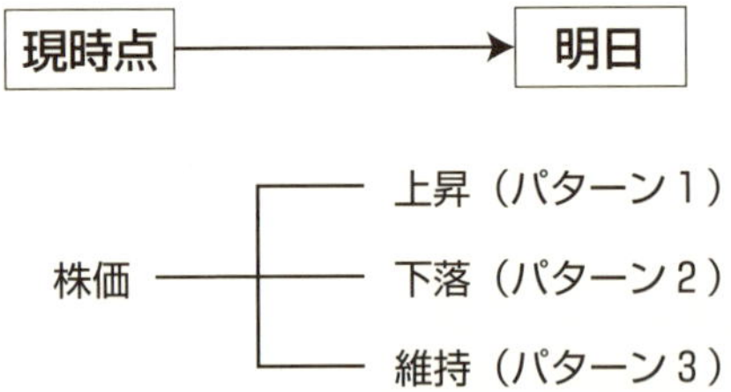

```
現時点 ─────▶ 明日

株価 ─┬── 上昇（パターン1）
      ├── 下落（パターン2）
      └── 維持（パターン3）
```

株価が明日，上昇するのか下落するのか変化しないのか，正確にはわからない。2人の投資家が同じ企業の株式に投資し，投資家Aはそれを購入し，投資家Bは売却したいと考えているとしよう。購入したい投資家は株価が下落する（パターン2）ことで，もともと購入してもよいと考えていた株価より安く株式を手に入れることができるが，株価上昇（パターン1）が発生すると損をしてしまう。他方，売却したいと考えている投資家は株価上昇が実現すると得を，株価下落が実現すると損をしてしまう。

表1-1や図1-2にあるように，株価上昇が実現したときに投資家Aが損をして投資家Bが得をしているので，BからAに資金を貸す契約を結ぶ

とする。株価下落が実現したときには，**表1-1**や**図1-3**にあるように，投資家Aが得，投資家Bが損をしているので，AからBに資金を貸す契約を結ぶとする。これにより，資金取引を行わない状態と比較すると，得をした方が損をした方に資金を貸すという資金取引を行うことで，手元の資金が大きく減少するというリスクを軽減することが可能になる。

表1-1　株価パターンと損得

	パターン1上昇	パターン2下落	パターン3維持
投資家A　購入	損	得	—
投資家B　売却	得	損	—

図1-2　パターン1

パターン1；株価の上昇

Aが損，Bが得

図1-3　パターン2

パターン2；株価の下落

Aが得，Bが損

もう1つの例を使って考えてみよう。大きな投資プロジェクトが計画されていたとする。大きな投資プロジェクトは個人や1つの企業のみでは実行することができないことがある。プロジェクトが失敗して投資した資金が戻らないというリスクを負担できないからである。大きなプロジェクトは投資期間が長期になり，投資も多額になる。現時点でプロジェクトが成功するか失敗するかを正確に予測することは不可能に近い。そこで多くの投資家を募ってリスクを分散させると，投資家の数が多くなるほど1人あたりの損失額（リスク）は小さくなる。

(3) 決済サービスの機能

決済サービスの機能とは，銀行を通した支払いや決済が，現金ではなく，預金（口座）というお金で行われていることを意味している。携帯電話料金の自動引き落としは，預金口座から振替を利用して行われている場合が多い。公共料金である水道，電気，ガス等もしばしばこれを利用する。このとき金融は決済性を供給しているといい，銀行は預金通貨というお金を供給していることになる。

以上のような取引を可能にしている金融機関や金融市場，金融制度，金融規制等を含めて金融システムという。

② 情報の非対称性

金融（資金）取引が行われることでメリットがあるが，この取引を妨げる要因も存在している。その中で，情報の非対称性について考えてみよう。

資金の貸手と借手がお互いに関する情報をすべて知り得ることは通常，難しい。貸手は自らの資金を貸すのだから，その資金が帰ってくる，つまり必ず返済してくれる借手と取引を行いたい。そのためにも借手が返済できる可能性を知りたい。しかし通常，貸手は借手の返済可能性等についての情報を持たない。このように，金融取引の当事者が持つ情報が異なるこ

とを情報の非対称性が存在するという。

この情報の非対称性により引き起こされる問題が「逆選択」と「モラル・ハザード」である。これらについては付論で考えよう。(☞**付論① 29頁，付論② 30頁**)

 **資金循環**

① 金融システム

　前節では金融取引について述べた。金融取引はお金の貸し借り，お金の融通であることを示した。では，実物経済と金融にはどのような関係があるだろうか。本節では簡単な経済循環図を使って財・サービスの流れとお金の流れをみてみよう。お金の流れには2種類あり，実物経済の中での産業的流通とマネー経済の中での金融的流通である。

　経済を構成する主要な経済主体は家計，企業，政府である。これらの経済主体間で財・サービスが売買され，お金はその対価として支払われる。このようにお金は財・サービスとは逆に流れる。実物経済におけるお金の流れを産業的流通とよぶ。

　一方で，お金そのものが商品として扱われることもある。お金そのものが利益を生むということである。具体的には株式や債券などの証券売買，企業のつなぎ資金などである。このようにお金が商品として流通することを金融的流通とよぶ。

　前節で学んだ金融取引は，金融的流通に関わっている。お金の金融的流通により経済活動がよりスムーズに行われている例を**図1-4**によって説明しよう。

　家計は労働力などの自らが持つ生産要素を企業に提供する。家計はその対価として賃金等の所得を得ている。企業は購入した生産要素を用いて生

図1-4 経済循環図

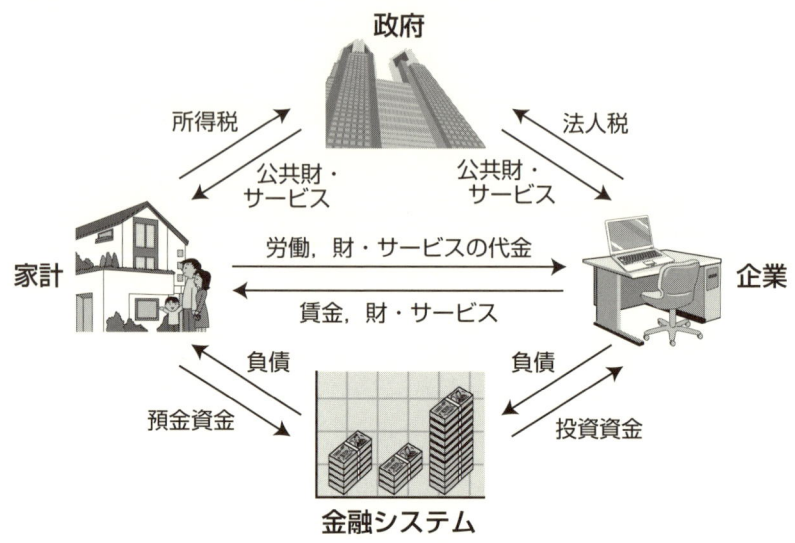

産物を作り販売している。政府は，家計と企業からそれぞれ所得税や法人税を徴収する一方で，公共財や公共サービスを提供する。このようなお金の流れが産業的流通である。このように，お金の金融的流通が存在しなくとも経済活動はうまくいっているように思える。とすると，お金の金融的流通は必要なのだろうか。

　ここで仮に，家計が貯蓄を増やしたことで企業によって生産された財・サービスのすべてが消費されずに在庫が発生したとしよう。企業は在庫を抱えているため来期の生産を減らそうとする。生産を減らすということは雇用もこれまでより少なくて済む。労働時間の短縮や解雇により家計の所得は減少する。これによりさらに消費が減少してしまい，経済は縮小してしまう。ここでお金の金融的流通が存在したらどうだろうか。企業は今期の在庫を売って得られるはずだった資金を，金融システム（ここでは銀行）から調達することが可能となる。この銀行から借り入れた資金は，もとも

と家計が銀行に預け入れたものであり，それが投資されたことになる。このように金融システムが存在することで経済が縮小せずに済むことになる。

② 資金循環勘定

次に，一国の経済を考えてみよう。一国の経済における金融取引をまとめた「資金循環勘定」を用いることにする。資金循環勘定は日本銀行が作成しており，この勘定では，経済主体は次の6つの部門に分類される。

1）金融部門
2）非金融部門（民間非金融法人企業部門，公的非金融法人企業部門）
3）一般政府部門（中央政府，地方公共団体，社会保険基金）
4）家計部門
5）対家計民間非営利団体部門
6）海外部門（非居住者）

これらの経済主体は個々の家計や企業ではなく，個々のそれらを集計した部門でとらえられている。したがって資金循環勘定は，各部門間で資金がどのように流れたかを整理している。

実際に表1-2をみると，各経済主体の金融取引は各金融商品別に資産と負債として並べて記載されている。また，金融資産勘定は金融取引表と金融資産・負債残高表の2つから構成されている。金融取引表は，ある一定期間内の金融取引の結果から生じた金融資産・負債の増減額をフローとして捉えたものである。一方，金融資産・負債残高表は，ある時点での金融資産・負債残高をストックとして捉えたものである。

表1-2の2010年6月発表の2009年度の金融取引表をみると，各部門の資金過不足がわかる。たとえば非金融法人企業の資金過不足をみると，プラス17兆5,663億円となっており，貯蓄超過であることを示している。家計部門では資金過不足はプラス9兆3,177億円でこれも貯蓄超過を示している。それに対して一般政府部門は28兆9,651億円のマイナスであり資金

表1-2 資金循環表

金融取引表 2009年度（速報）

			金融機関 1		非金融法人企業 2	
			資産(A)	負債(L)	資産(A)	負債(L)
A	現金・預金		62,045	212,929	35,300	
Aa		現金	−4,419	4,308	2,780	
Ab		日銀預け金	13,064	13,064		
Ac		政府預金		6,440		
Ad		流動性預金	28,215	82,484	8,417	
Ae		定期性預金	38,313	144,092	13,566	
Af		譲渡性預金	−4,545	11,189	5,601	
Ag		外貨預金	−8,583	−48,648	4,936	
B	財政融資資金預託金		−55,820	−103,417	−7	
C	貸出		−338,979	179,948	16,663	−181,914
Ca		日銀貸出金	−26,741	−26,741		
Cb		コール	19,919	31,710	10,369	
Cc		買入手形・売渡手形	0	0	0	
Cd		民間金融機関貸出	−175,875	91,110		−211,947
Cda		住宅貸付	31,803			
Cdb		消費者信用	−18,938			
Cdc		企業・政府等向け	−188,740	91,110		−211,947
Ce		公的金融機関貸出金	−129,022	−53,896		31,839
Cea		うち住宅貸付	−35,471			
Cf		非金融部門貸出金		85,313	11,075	−2,357
Cg		割賦債権	582	92	−500	−45
Ch		現先・債券貸借取引	−27,842	52,360	−4,281	596
D	株式以外の証券		524,849	−120,731	−4,673	11,698
Da		国庫短期証券	327,430	0	0	
Db		国債・財融債	190,899	−88,125	862	
Dc		地方債	20,072		−628	238
Dd		政府関係機関債	3,991	7,188	4,611	6,655
De		金融債	−12,578	−19,149	−572	
Df		事業債	7,698	24,335	9,627	12,471
Dg		居住者発行外債	27,088	2,648	0	21,292
Dh		ＣＰ	−16,916	−5,088	−17,978	−29,822
Di		投資信託受益証券	3,674	13,205	22,122	864
Dj		信託受益権	−4,112	−5,892	3,392	
Dk		債権流動化関連商品	−22,397	−49,813	−26,093	
Dl		抵当証券	0	−40	−16	
E	株式・出資金		−49,210	59,769	7,822	20,648
Ea		うち株式	−51,601	46,964	7,159	18,417
F	金融派生商品		0	0	0	0
Fa		フォワード系				
Fb		オプション系	0	0	0	0
G	保険・年金準備金			−7,458		
Ga		保険準備金		−50,486		
Gb		年金準備金		43,028		
H	預け金		−14,664	4,710	17,217	−2,052
I	企業間・貿易信用		−7,659		44,970	35,817
J	未収・未払金		−44,632	−16,771	−30,949	−42,091
K	対外直接投資		9,740		44,982	
L	対外証券投資		121,955		−44,374	
M	その他対外債権債務		16,495	−57,534	−15,407	3,862
Ma		うち金・ＳＤＲ等	0			
N	その他		90,213	−11,226	38,958	88,871
Y	資金過不足			174,114		175,663
Z	合計		314,333	314,333	110,502	110,502
W	（参考）外貨準備		23,992			

(単位：億円)

一般政府 3		家計 4		対家計民間非営利団体 5		海外 6	
資産(A)	負債(L)	資産(A)	負債(L)	資産(A)	負債(L)	資産(A)	負債(L)
−4,389		117,570		7,204		−18,326	−13,525
0		5,941		6		0	
6,440							
15,515		25,237		5,278		−178	
6,587		85,504		2,172		−7,309	−5,259
10,256		−170		47		0	
−43,187		1,058		−299		−10,839	−8,266
−47,590							
80,549	−52,060	−39	−40,660	−2,832	2,880	74,019	−78,813
							0
1,422							
0							
		22,380		−3,756		4,815	−78,477
			31,803				
			−18,938				
		22,380	−16,621		4,815		−78,477
	−74,319		−35,687		−714		3,755
			−35,471				
7,940	−605	−39	−1,217	−933	−1,221	78,516	16,646
			0				35
71,187	484			−1,899	0	−4,497	−20,772
−42,778	477,796	−19,971		14,757		−103,421	
−24,973	335,700			0		33,243	
−9,475	120,919	−14,451		4,331		−139,372	
445	21,404	−593		2,323		23	
−54	−155	110		2,586		2,444	
−3,200		−2,730		−69		0	
−6,232		14,522		5,765		5,426	
670	−72					−3,890	
−16							
−25		−11,523		−179			
110		−5,282					
−28						−1,295	
		−24					
56,017	607	−20,915		23		87,287	
32,727		−10,214		23		87,287	
		0	0			0	0
		0	0			0	0
		−7,458					
		−50,486					
		43,028					
−1,226	8	1,339					
200	0		−4,714			3,966	10,374
−2,489	−5,449	13,971	−2,191	274	−69	7,640	10,386
							54,722
84,224		−2,357					159,448
21,762	16,281					−37,391	22,850
17,328							17,328
17,882	14,630	6,891	43,419	3,459	21,709	0	0
	−289,651		93,177		−1,635		−151,668
162,162	162,162	89,031	89,031	22,885	22,885	13,774	13,774

第1章 貨幣と金融

不足であることが示されている。この多くは国債の発行によって賄われることになる。

 金融機関の機能

① さまざまな金融機関

本節では，さまざまな金融機関について取り上げる。金融機関はこれまでにみたような資金の運用や調達に関わる金融取引を営む専門機関を指している。われわれにとって最も身近な金融機関の1つは銀行である。その他，証券会社，投資信託会社，保険会社，ノンバンクなども金融機関である。

金融機関は金融商品を販売する。上であげたような金融機関が個人や企業から資金を集める。お金を借りたり集めたりするために用いるツールを金融商品とよび，その代表的なものが預貯金である。つまり，預金・貯金

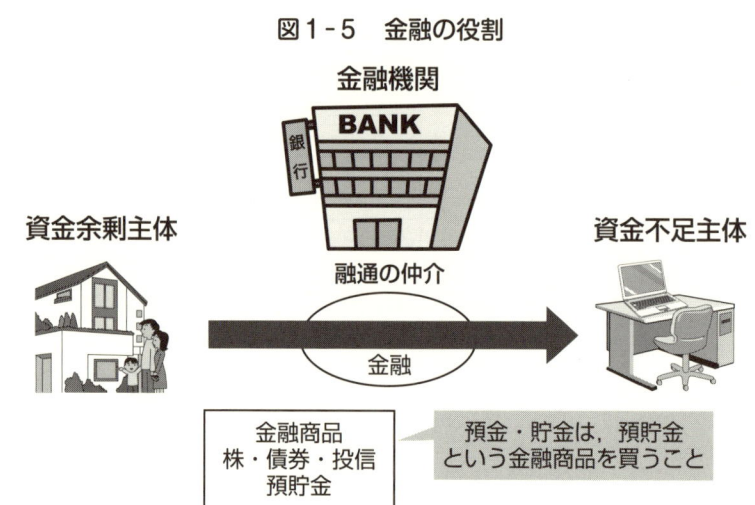

図1-5　金融の役割

をすることは預金・貯金という商品を買うことと同じである。株式・債券もその1つである。また，それらの原資産から派生した商品を，金融派生商品（デリバティブ）とよぶ。デリバティブについては**第8章**でくわしく扱う。

② 間接金融と直接金融

銀行などの金融仲介機関は，資金余剰の経済主体（多くの場合，家計）の貯蓄と交換に，自らに対する請求権（具体的には銀行預金証書）を発行する。その資金を資金不足主体（企業・政府などの借手）に融通（投資）して，借手が発行した本源的証券（借用証書，株式，債券など）を受け取る。

(1) 間接金融

貸手から借手へ，金融機関を介して「間接的に」資金が流れる金融の仕組みを間接金融という。**図1-6**に示されるように，資金を借りたい経済主体が借用証書（本源的証券とよぶ）を発行して銀行などの金融機関から資金を借りる。ここで，本源的証券とは借手が発行する債券，株式，借用証書などの総称である。一方，資金に余裕があり貯蓄をしたいと思う経済

図1-6　間接金融

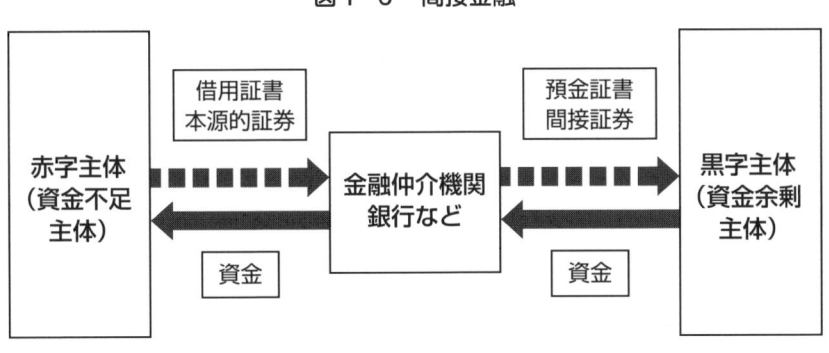

主体は，銀行などの金融仲介機関に資金を預け，そこから預金証書・保険証書など（間接証券とよぶ）を受け取る。金融仲介機関をはさんで資金と本源的証券，間接証券がやり取りされる。（☞**付論③** 31頁）

(2) 直接金融

直接金融は，借手により発行された本源的証券がそのままの形で貸手に保有される金融の仕組みを指す。たとえば，国債を購入すれば，借手（この場合，国）の発行した本源的証券（国債）を直接保有するので，直接金融になる。**図1-7**にあるように，借手は貸手に本源的証券を渡して資金提供を受ける。このとき証券会社はその仲介をする。

直接金融と間接金融を比較すると，以下の点で異なっている。貸手は，間接金融において資金を提供する代わりに間接証券を受け取るのに対して，直接金融では，本源的証券を受け取っている。間接金融において，貸手は借手の本源的証券を保有するのではなく，金融仲介機関の間接証券を保有する。借手の持つリスクを負担する必要がない。金融仲介機関がそのリスクを負担するからである。金融仲介機関が発行する間接証券のリスクは一般的に低い。

それに対して直接金融では，貸手は借手の本源的証券を保有し，本源的

図1-7 直接金融

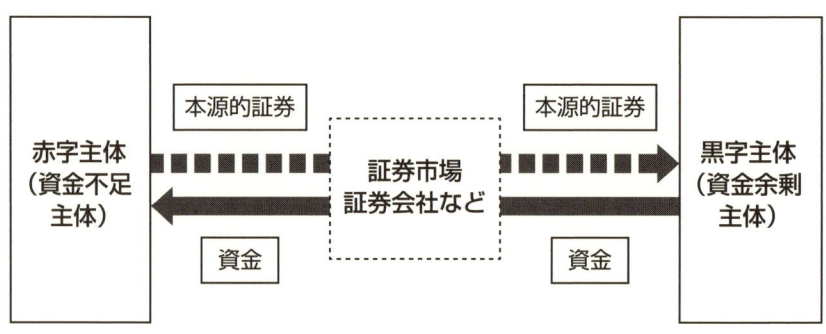

証券をとおして借手の持つリスクを負担する。金融仲介機関の役割には借手のリスク管理も含まれる。

また，市場型間接金融という概念も用いられる。投資信託，年金基金も，証券化の仕組みも市場型間接金融に含まれることがある。投資信託は投資信託委託会社（投信会社）が受益証券を投資家に発行することから，間接金融にあてはまるが，資産運用は市場をとおして行われ，リスクを投資信託会社ではなく投資家が負うことから，直接金融の性質に近い。つまり，銀行などの行う間接金融とはリスクを負担する経済主体が異なる。なお，証券化については付論で説明する。（☞**付論④** 33頁）

③ 金融機関の分類

図1-8にあるように，金融機関は大きく分けて金融仲介機関と非金融仲介機関に分類できる。

間接金融を担い自ら間接証券を発行するのが「金融仲介機関」，直接金融を扱うのが「非金融仲介機関」である。金融仲介機関の中で預金を扱うのが「預金取扱機関」の銀行である。

しかし，金融システムの改革により，図のような分類は崩れつつある。

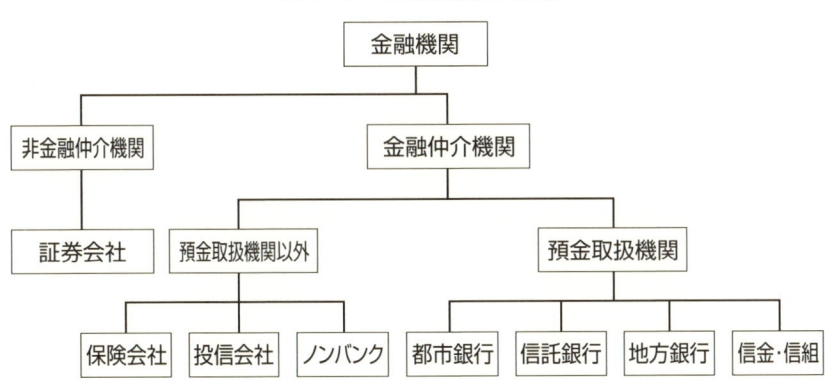

図1-8　金融機関の分類

その理由は**金融持株会社**の解禁にある。**持株会社**とは子会社を支配・管理することを主な業務とする会社である。1997年に独占禁止法の改正により持株会社が解禁となって多くのメガバンクが金融持株会社を設立し，証券会社とのグループ化を果たしている。

2010年時点で，主な大手銀行グループは次の3グループである。
1）三菱ＵＦＪフィナンシャル・グループ
2）みずほフィナンシャル・グループ
3）三井住友フィナンシャル・グループ。

④ 銀行の業務

銀行には次の固有の3業務がある。
1）預金業務……お金を預かること
2）貸出業務……お金を貸し出すこと
3）為替業務……口座振込・為替手形・小切手などにより決済を行うこと
預金業務と貸出業務の両者を合わせて預貸業務ということもある。

銀行はその特徴から次の**図1-9**の4つに分類することができる。なぜ

図1-9　銀行の分類

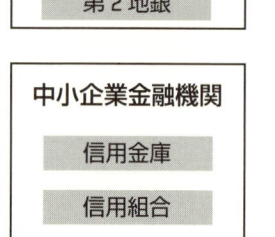
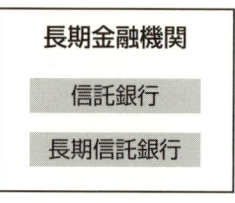
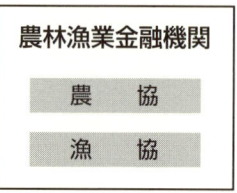

図9-1のように多くの種類の銀行が必要なのだろうか？その答えは，預貸業務に関して長期と短期の区別があり，さらに取り扱い対象となる企業に区別があるからである。

普通銀行は営業規模や営業の特徴によって，都市銀行，地方銀行，第2地方銀行に分類できる。ただし，それらは法的にまったく同等で普通銀行と総称されている。

● **都市銀行**

都市銀行は，大都市に本店を構え，全国規模で支店を展開し，国際的な金融活動にも積極的に取り組んでいる銀行である。今までは，大企業を主な取引相手としていたが，最近では大企業の銀行離れが進み，中小企業や家計との取引を増やしている都市銀行も存在する。

● **地方銀行**

地方銀行は，地域の中核都市に本店を置き，本店所在地の都道府県を主たる営業基盤としている銀行である。

● **第2地方銀行**

第2地方銀行は，中小企業貸出に特化していた（相互銀行法に基づく）**相互銀行**が，1989年2月以降（銀行法に基づく）銀行（普通銀行）に転換したものである。相互銀行時代は法律上さまざまな業務制限があったが，現在では地方銀行と法律上の差異はない。

ただし先ほども述べたように，金融システムの改革によって現在ではこうした区別・枠組みが崩れつつある。その例として，都市銀行が長期の貸出しや中小企業への貸出しも行っていることがあげられる。

⑤ 金融仲介機関の機能

　金融仲介機関の機能として，資産変換機能と情報生産機能について説明しよう。金融仲介機関は，借手に資金を貸出す代わりに借手から本源的証券を受けとり，それを別の商品に変換して販売することで資金調達を行う。本源的証券を間接証券に変換する機能を，資産変換機能とよぶ。

　もう１つの機能は，借手の返済能力や支払に関する情報を生産する機能である。金融仲介機関は貸手（資金余剰主体）にかわって借手の金融行動に関わる情報を生産している。貸手が直接，借手に関する情報を収集するよりもずっと効率的にそれを行うことが可能である。借手がどの程度返済能力を持っているか審査し，どの程度返済努力しているかを監視することには費用と時間がかかる。それを貸手の代わりに金融仲介機関が行っているのである。

　日本にはこの機能について特徴的なシステムがあり，メインバンク制とよばれる。メインバンク，つまり主取引銀行は，主な借手である企業と長期的に取引を行うことを約束し，企業情報を生産し，さらに貸手との情報の非対称性を緩和している。情報の非対称性が存在することで，逆選択やモラル・ハザードといった問題が発生するが，メインバンク制はそうした問題を緩和することが可能なのである。（☞付論① 29頁，付論② 30頁）

⑥ ホールセール業務とリテール業務

　また，金融仲介機関がどのような顧客を中心に取引しているかによって，その金融機関の特色を判断することができる。金融機関の仕事は，取引相手によってホールセール業務とリテール業務に分けることができる。

　ホールセール業務は，大企業や地方自治体などを相手にした大規模な取引であり，メリットは大きな収益が期待できること，デメリットは利幅が小さいことである。リテール業務は，中小企業や個人を相手とする比較的小規模な取引で，利幅は大きいが大きな収益は期待できない。

⑦ リージョナル・バンク

　すべての銀行がメガバンクのように巨大な金融機関となれるわけではない。では，メガバンクでない銀行は，どうすれば生き残っていけるのだろうか？その可能性の1つとして，リージョナル・バンクがある。大手金融機関は世界的な市場を対象に総合的な金融サービスを展開していて，マネーセンター・バンクといわれることもある。大手金融機関のような資金力や営業基盤を持たない地方銀行などは，リテール業務に特化し，地域密着の金融機関として活路を見出すことができる。このような金融機関をリージョナル・バンクという。

⑧ 普通銀行以外の金融機関

　普通銀行以外の金融機関には，信託銀行，証券会社，投資会社，保険会社などがある。

(1) 信託銀行

　信託とは，第3者に財産の管理運用を委託し，その運用益を受け取る契約である。信託銀行と銀行の違いはお金の集め方にある。一般的な銀行が

図1-10　信託銀行のイメージ

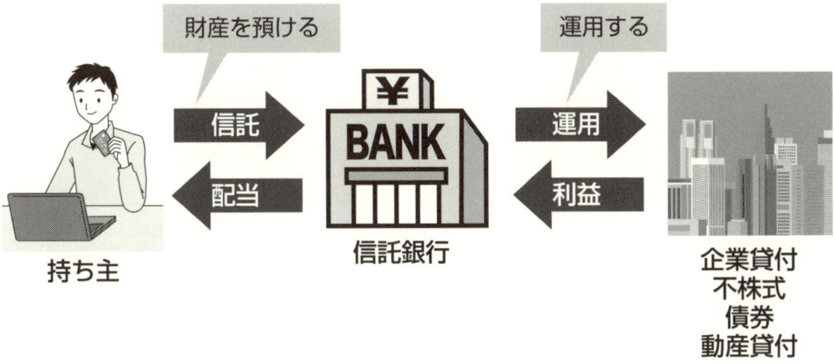

第1章　貨幣と金融

「預金」を預かるのに対して、信託銀行は「信託」の形で財産を預かる。財産とは金銭・株式・債券・不動産などを指す。そして預かった財産は信託銀行が管理し、持ち主と信託契約を結んだ上で運用や売買を行って、利益を持ち主に還元する。これを信託業務とよぶ。

ただし、利益がどれくらい受け取れるかは確定していない。信託の場合は実績配当であって、利子・利息とは異なるものである。

●信託の方法

運用方法には次の2つの方法がある。
1）指定信託
　持ち主が大まかな投資対象を決め、あとは信託銀行に任せる方法である。
2）特定信託
　持ち主の指示どおりに運用する方法である。

お金を信託する方法のうち、金銭信託は金銭を信託し有価証券などで運

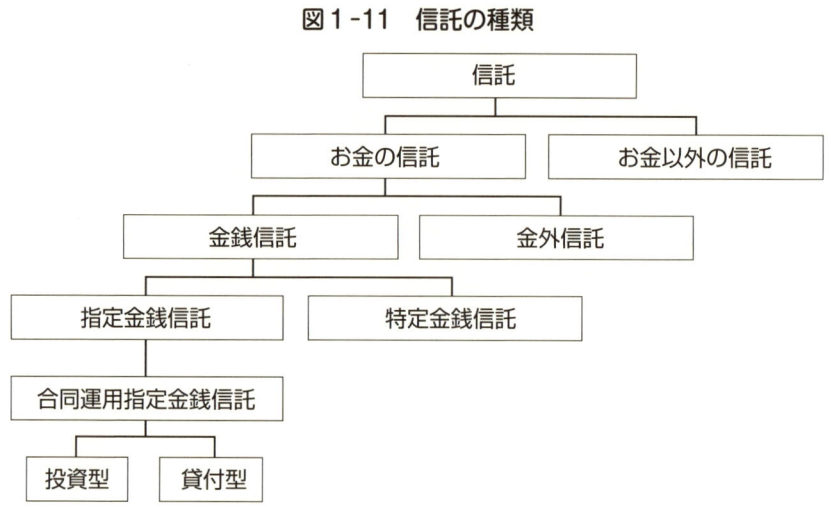

図1-11　信託の種類

用してもらい，信託期間が終了したら金銭に換えて受け取る。金銭信託以外の金銭の信託（略して金外信託）は，金銭を信託し有価証券などで運用するまでは同じであるが，期間が終わったら有価証券のままで受け取る。

また，合同運用指定金銭信託の投資型は有価証券などで運用するもので，ユニット型・ヒット・スーパーヒットなどがあった。貸付型は企業に貸し付けて運用するもので，ビッグ・貸付信託などがある。

(2) 証券会社

銀行が間接金融の代表であるなら，証券会社は直接金融の代表である。証券会社の仕事は，証券を取り扱い，資金を集めたい企業と資金を運用したい投資家の仲介を行うことである。証券会社は主に4つの業務を行っている。

●証券会社の4つの業務

①セリング業務
　委託された新株や債券を販売する

②アンダーライティング業務
　株や債権を買取って販売する

③ブローカレッジ業務
　投資家の売買注文を市場に取り次ぐ

④ディーリング業務
　自ら株や債権に投資する

①セリング業務

新しい株式や債券を発行した企業から委託を受けて，それに投資する投資家を募集し，販売する。この業務では企業から手数料を得ている。

②アンダーライティング業務

　企業の発行した株式や債券を販売する仕事でセリングと似ているが，いったん証券会社が株式や債券を買い取ってから投資家に売るという点が異なる。売買の価格差が証券会社の利益になり，一般的にセリング業務よりリスクが高い。

③ブローカレッジ業務

　投資家の売買注文に応じて，証券取引所などで証券の売買を仲介し，代理して売買を行う。証券会社はこれによる手数料を得る。

④ディーリング業務

　株式や債券を自己の勘定で（自分の資金を使って）売買する業務である。ディーラーとして証券会社自らが投資家として市場に参加する。自らが投資家であるから利益は売買から得られる収益のすべてとなる。

⑤証券会社のその他の業務

　証券会社には以上の4つの業務のほかに，投資信託の販売，資産運用コンサルティング，証券預かりなども行っている。

(3) 投資信託委託会社（投信会社）

　投資信託は多数の投資家からお金を集めて証券に投資し，運用益をその出資額に応じて分配する商品である。一般的に，預金より高い**利回り**が期待でき，個別銘柄の株式よりリスクが少ないとされる。投信会社は投資家から集めたお金をどのように運用するのかを決定する。証券会社の子会社で，社名に「○○アセット・マネジメント」とあるものの多くは投信会社である。

　図1-12にあるように，販売は投信会社が直接行うこともあるが，多く

図1-12 投資信託の仕組み

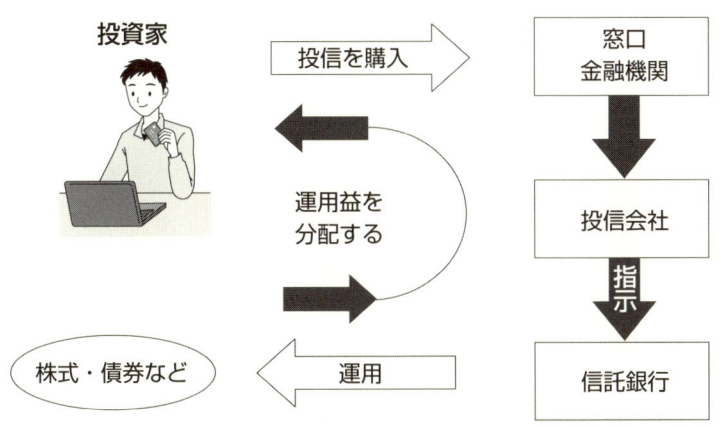

は証券会社や銀行などの窓口で行われている。投信会社は集めたお金で基金（ファンド）を設立し，運用方法を決定する。このときファンドの運用を決定する責任者を**ファンドマネージャー**，あるいは**ポートフォリオマネージャー**とよぶ。彼らの指示を受けた信託銀行が実際の運用手続きを行う。

● 投資信託

あなたが株式に投資しようと考えているとする。投資戦略として，1つの企業に集中して投資を行うことも可能であるし，まったく異なる業種の企業に投資すること（分散投資）も可能である。このとき1つの企業の株式に集中して投資するのではなく，分野の異なる企業に分散させて投資することで，リスクを減らすことができる。その理由は，ある企業の株価が急落しても，他の企業の株価が値上がりし損失を補える可能性があるからである。（☞**第4章第3節**）

このように分散投資を行うことでリスクを減らすことができるが，問題もある。分散投資を行うのは個人では難しく，多くの資金が必要となる。投資信託は，投資家1人ひとりの少ない資金を集めてファンドをつくり，

リスクの少ない投資を実現することが可能である。

● **株式投資信託と公社債投資信託**

　投資信託には，株式投資信託と公社債投資信託がある。株式投資信託は，投資対象に少しでも株式が含まれているものを指す。公社債投資信託は，株式には投資せずに，公社債を中心に運用するものを指す。このとき，**外債（外国債券）**が含まれている場合も為替リスクが発生するので，株式投資信託と同じ扱いになる。

　ここで為替リスクとは，次のようなリスクのことである。日本円以外の通貨から日本円に交換するとき，たとえばアメリカ・ドルから日本円に交換する場合の通貨の交換比率（為替レート）が，債券購入時に1ドル83円だったとする。債券の満期日となりアメリカ・ドル建ての債券を日本円に交換しようと考えている。このとき為替レートはいくらになっているか？1ドル100円になっている可能性も，1ドル75円になっている可能性もゼロではない。1ドル100円であるとすると，1ドル当たり17円の得であるが，1ドル75円であるとすると，1ドル当たり8円の損である。これが為替リスクである。外国債を購入する際に，将来の為替レートを正確に予測することは難しいのである。

　また，投資信託は投資のプロが行っているが，投資のプロである専門家が投資するからといって必ず儲かるわけではない。元本割れの危険があるからである。

　投資信託には次のような商品もある。

1）上場投信（ETF．上場投資信託）

　日経平均株価や東証株価指数などの株価指数などに連動するように運用されている投資信託である。2001年に上場され，一般の株式と同じように取引所での売買が可能な商品である。

2）不動産投信（REIT．リート）

資金を募集して，商業ビルやマンションなどの不動産に投資する投資信託である。そこから得られる家賃収入を投資家に還元する。

(4) 保険会社

保険には生命保険と損害保険がある。前者は人命に対して契約し死亡，病気時に保険金が支払われる契約であり，後者はそれ以外の事故に対して契約し保険金が支払われる契約である。

保険は，保険事故が発生しなければ保険金が支払われないことが一般的である。保険会社は契約者から資金を集める。その資金の一部を企業に貸し付け，また株式や債券に投資を行う。こう考えると，保険会社は資金を融通していることがわかる。つまり金融機関である。

保険会社は金融機関であると同時に機関投資家でもある。保険会社は有力な投資家であり，その投資資金が巨大であるあることから，機関投資家といわれている。

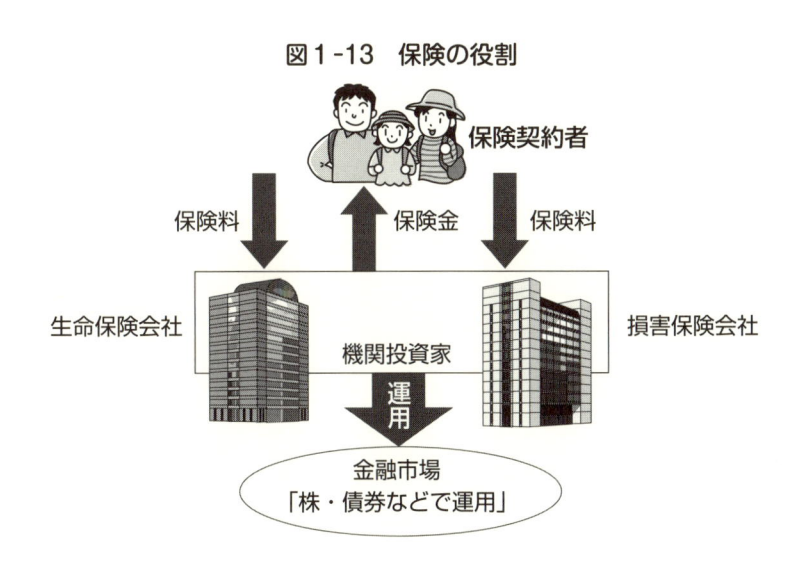

図1-13 保険の役割

(5) ノンバンク

　ノンバンクは貸出業務だけを行う金融機関であり，銀行と違って預金業務や為替業務は行わない点にある。代表的なノンバンクには，消費者金融会社，信販会社，クレジット・カード会社，ベンチャー・キャピタルなどがある。

　お金の貸出しを行わない信販会社やクレジット会社が金融機関である理由は，利用者の利用代金を立て替えて，あとで利用者に請求する，つまり，この行為は，お金を貸したことと同じことであり，異時点間の金融取引を行っていることになるのである。

　図1-14にあるように，なぜノンバンクはその種類が多いのだろうか。ノンバンクは貸出業務を扱わないことから，銀行のような厳しい監視や規制がない。そのため，さまざまな業態が生まれている。一般的に，ノンバンクは銀行より高金利である。高金利の場合，低金利の場合と比較して返済額が増えてしまう。100万円を1年間5％で借りた場合と，100万円を1年間15％で借りた場合，どちらの返済金額が大きいかを考えてみると明白

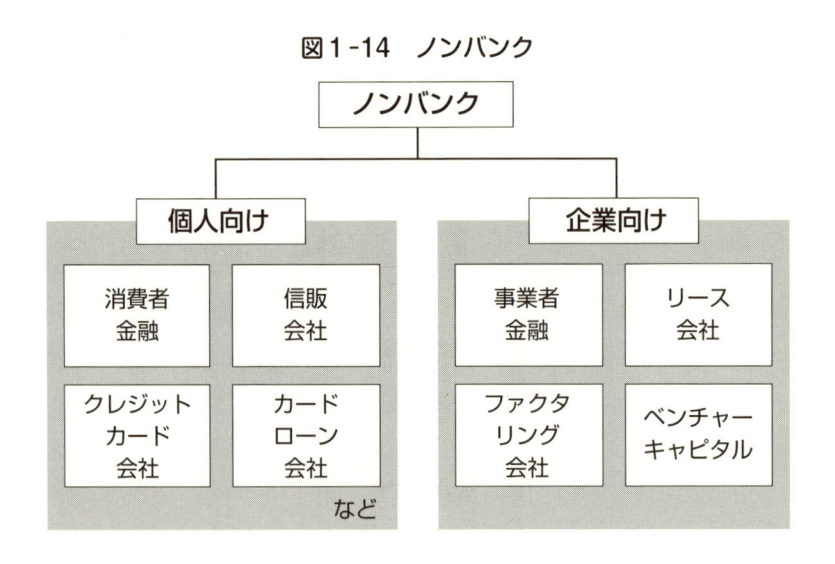

図1-14　ノンバンク

```
ノンバンク
├── 個人向け
│   ├── 消費者金融
│   ├── 信販会社
│   ├── クレジットカード会社
│   ├── カードローン会社
│   └── など
└── 企業向け
    ├── 事業者金融
    ├── リース会社
    ├── ファクタリング会社
    └── ベンチャーキャピタル
```

である。ノンバンクは貸出金利が銀行より高いことが一般的である。近年，**グレーゾーン金利**が撤廃され貸出金利は下がっているが，それでも銀行などの金融機関と比較するとノンバンクの金利は高い。

(6) 郵便貯金

郵便貯金は日本郵政が行う銀行業務である。郵便貯金は創設当時（明治8（1875）年）から集めた資金を殖産興業（しょくさんこうぎょう）に利用していた。殖産興業とは生産を増やし産業を盛んにすることである。戦後，郵便貯金の資金はすべて当時の大蔵省（資金運用部）に預けられ，政府系金融機関やその他の特殊法人に貸し出されていた。これを財政投融資とよんだ。2001年に財政投融資改革が行われた。これについては**第3章**で取り上げる。

(7) 政府系金融機関

政府系金融機関は，低金利の長期融資を主な仕事としていた。2001年の

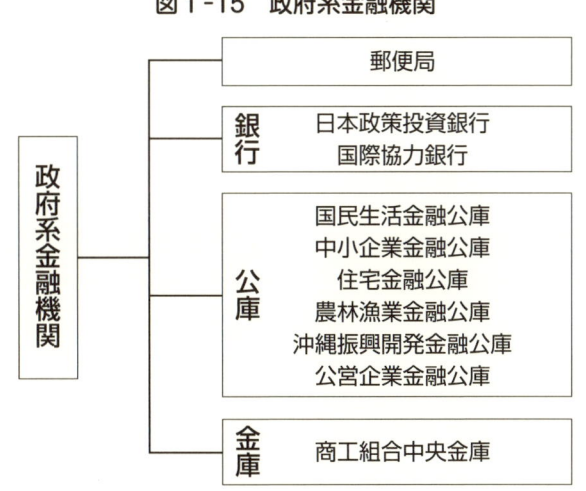

図1-15　政府系金融機関

政府系金融機関
- 郵便局
- 銀行
  - 日本政策投資銀行
  - 国際協力銀行
- 公庫
  - 国民生活金融公庫
  - 中小企業金融公庫
  - 住宅金融公庫
  - 農林漁業金融公庫
  - 沖縄振興開発金融公庫
  - 公営企業金融公庫
- 金庫
  - 商工組合中央金庫

改革以前，政府系金融機関は財政投融資を利用する側で，郵便貯金だけが資金を集める役割を果たしていた。図1-15のように分類されていた政府系金融機関も整理・統合され，郵便貯金⇒民営化，日本政策投資銀行⇒民営化，国際協力銀行・国民生活金融公庫・中小企業金融公庫・農林漁業金融公庫・沖縄振興開発金融公庫の統合⇒日本政策金融公庫，住宅金融公庫⇒住宅金融支援機構，公営企業金融公庫⇒地方公営企業等金融機構，商工組合中央金庫⇒民営化が実施あるいは予定されている。

(8) 日本郵政

ここでは，郵政4事業について簡単に説明する。4事業会社は郵便局会社，郵便事業会社，ゆうちょ銀行，かんぽ生命から構成されている。4社とも政府保有の持株会社が株式100％を保有している。郵便貯金等が持つ巨額の資金が市場に出回ることになって市場が活性化されるが，他方，外資がさらに参入してくる可能性があろう。

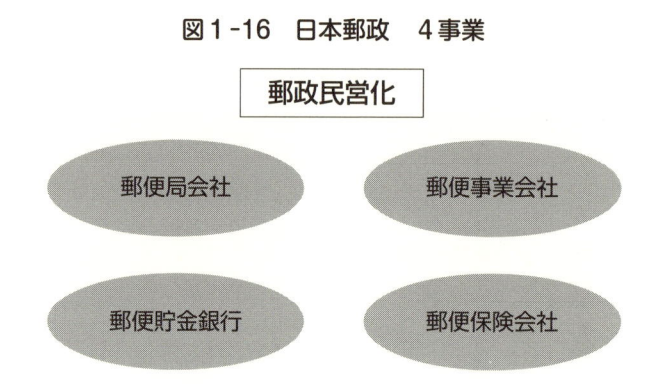

図1-16 日本郵政 4事業

郵政民営化

- 郵便局会社
- 郵便事業会社
- 郵便貯金銀行
- 郵便保険会社

付論 1 逆選択

　金融取引には，貸手と借手の間に情報の非対称性が存在する。このとき事前情報の非対称性から生じる問題が逆選択である。ここでいう事前情報とは，借手の返済能力や返済意図に関する情報であり，情報の非対称性とは，返済能力が高く返済意図も強い良い借手と，返済能力が低く返済意図も弱い悪い借手を貸手が区別できないということを意味している。前者であれば低い金利でも貸手は資金提供を行う。返済される可能性が高いからである。それに対して後者には高い金利でなければ資金提供を行わない。返済されない可能性が高いからである。事前に借手の情報がわかっている場合は，このように貸出条件（金利水準）を変えることが可能である。

　しかし，情報の非対称性が存在することで，良い借手と悪い借手のどちらにも同じ貸出条件を適用せざるをえない。良い借手にとっては貸出条件が本来よりも悪化することになり，悪い借手にとっては貸出条件の緩和になる。その結果，資金を借りに来るのは悪い借手ばかりになってしまう。貸手は良い借手に資金を提供したいと思っているのにそれができない。さらに貸手は，悪い借手ばかりに資金を提供してしまう可能性が高いことを予測して市場から退出してしまうことにもなろう。このように事前情報の非対称性が存在することで金融取引が成立しない状況が発生してしまう。

付論 2 モラル・ハザード

　金融取引における貸手と借手の間の事後情報の非対称性から生じる問題がモラル・ハザードである。この事後情報の非対称性は契約後の問題である。事前情報の非対称性問題を運よくクリアし，良い借手を金融取引が行えたとする。契約前には良い借手であったとしても，その借手がいつまでも優良な借手であるとは限らないということである。

　一旦契約が結ばれたことにより，その後返済努力を怠る，自らの利益のみを追求する行動をとるといったことが起こる可能性について貸手は情報を保有していない。常に監視し報告させることは難しいことである。

付論 3 間接金融の役割とメリット

　間接金融の利点は次のような点があげられる。間接金融を利用することで借手と貸手にとって，双方の要求を満たす取引相手を探さなければならないという負担がない。これは金融仲介機関がそれを負担しているからである。一方，直接金融を利用すると貸手は，適当な投資対象をみつけなければならなく，借手は自らに資金を提供してくれる貸手をみつけなければならない。

　金融仲介機関は，借手によって発行された本源的証券を，貸手にとってもっと魅力的な貯蓄手段（金融投資手段）に変換する。これは金融機関の持つ資産変換機能である。金額，満期，リスクなどの点で，本源的証券と異なった新しい金融商品を社会に提供している。借手である企業は，収益が確定するまで時間のかかる長期プロジェクトを実行するために，長期の貸出を望んでいる。それに対して，貸手である投資家・預金者はリスクを小さくしたいと考え，流動性の高い，つまり売買しやすい短期証券の購入を望む場合が多い。このままでは借手（企業）が発行したいと思う本源的証券を，貸手が購入することは難しい。

　直接金融の場合，この利害対立が解決されないために資金の円滑な流れが実現しにくい。銀行など金融仲介機関は，間接証券（預金証書）を預金者に対して発行し，得られる資金で企業から流動性の乏しい証券（長期貸付や社債）を購入する。こうした資産変換機能によって，銀行は貸手と借手の間の利害対立を解決することができる。

　金融仲介機関は金融活動における規模の経済を実現する。規模の経済とは，大規模になればなるほど金融サービスを提供する（1単位当たりの）コストが小さくなることを意味する。また，上で述べたような資産変換を行うことで，銀行は信用リスクや流動性リスクなどのさまざまなリスクを

負担するが，これが可能なのは，銀行が非常に大規模な資産を持ち，投融資リスクを広く分散しているからである。

金融機関は金融活動に存在する情報の非対称性から発生する問題を軽減することが可能である。将来，借手から返済されることを約束して貸付が行われる以上，貸手は不確実な将来を予測しなければならない。一般的に，貸手は借手やその事業についての十分な情報や知識を保有していないので，十分な情報があれば融資可能であったはずの事業に資金を提供できない。

それに対して金融仲介機関は借手に関する情報や専門化した分析能力を持っているので，ある特定の貸付やプロジェクトに付随するリスクについて，あるいは，借手の将来について，資金余剰主体よりも正確な判断を下すことが可能である。

また，銀行は継続的に借手からより多くの情報を引き出し，借手をよりよく監視する能力を持っている。モニタリング機能である。その結果，金融取引の障害となる情報の非対称性から発生する問題を軽減することができる。非対称性問題が緩和されることにより，リスク・プレミアム（リスクの対価）が減り，企業の資本コストを引き下げることができる。

さらに，金融仲介機関がこれから行われる投資プロジェクトについて正しい判断が可能で，そこに資金が貸出されるならば，経済全体でみても高い期待収益をもたらすプロジェクトに貯蓄が流れることになる。したがって社会全体にとって資源の効率的配分が実現する。

ただし，情報の非対称性は，大企業にくらべて中小企業のほうが大きいといわれる。従って，金融仲介機関の持つ情報の非対称性を緩和する機能は中小企業金融にとって重要になる。しかし，金融仲介機関が経営難に陥って融資を行えなくなると，中小企業は他の金融機関から資金を借り入れることが難しく，資金繰りに苦しむこと（貸し渋りや貸しはがし）になる。それゆえに，金融機関の経営問題が，しばしば中小企業金融の問題として議論されることになる

付論 4　証券化

　相対型の間接金融から市場型の間接金融へ金融形態をシフトさせることを証券化とよぶ。銀行貸出による債権などを担保にして新たな証券を作りそれを販売する，つまり資産を流動化させることが証券化である。銀行の貸出による債権などは，市場で売買されておらず，**市場性**（流動性）を持っていなかったが，これらに2つの方法で流動性を与えることが可能である。

　1つは資産担保証券を作り市場で売買することである。住宅ローン債権の証券化であるモーゲージ担保証券（MBS）がその代表である。もう1つは原債権を担保とし新たな証券を作らず，貸手との相対取引を利用して譲渡することである。ローン・パーティシペーションなどである。前者を狭義の証券化といい，後者を債権の流動化という。

図1-17　証券化

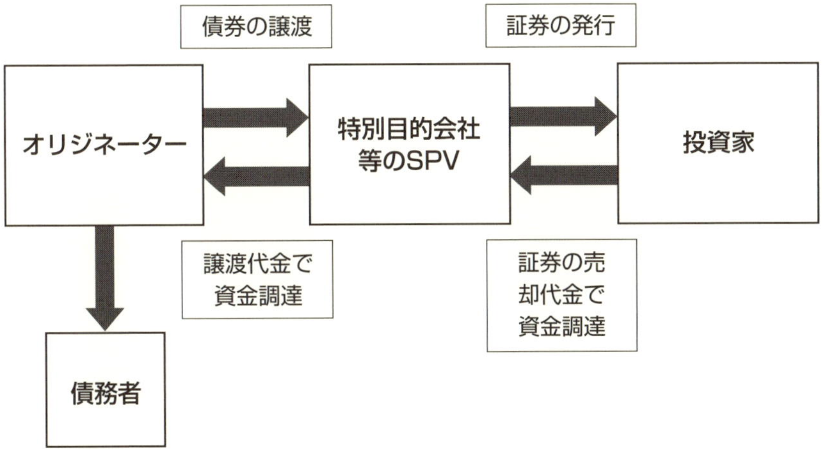

単純化した証券化の流れについて図1-17の図を用いて説明する。証券化したい原資産（債権）保有者をオリジネーターとよぶ。オリジネーターは，自らが保有する原資産である債権を特別目的会社（SPV）等に譲渡し，譲渡代金を受け取ることで資金調達が行われる。SPVは，譲渡された原資産を裏づけとした有価証券（間接証券）を発行し，市場で投資家に販売することでオリジネーターに譲渡代金として支払う資金調達を行う。

　証券化の流れをもう一度順を追ってみると，まず証券化したい原資産を決定する。企業が証券化により資金調達を行おうと考え，ある債権を原資産に決める。そして，その債権をもともと保有している企業からSPVに移転させる作業を行う。SPVは譲りうけた資産を裏付けとして有価証券を発行する。発行された有価証券を投資家に売却することで資金を調達する。その後，オリジネーターが回収や分配・償還を行う（図1-18）。

図1-18　証券化の流れ

原資産 → 原資産の移転 → 証券の発行 → 資金の回収 → 分配・償還

第**2**章

金融と証券

> 本章ではとりわけ証券あるいは証券市場と関連させて金融と金融市場について説明する。

1 金融市場の分類

第1章で述べたように，家計や企業などの経済主体は資金の運用と調達を目的に金融機関をとおして金融取引を行っている。金融取引は金融市場において行われるが，扱われる金融商品や期間によって分類される。ここで金融市場とは特定の"市場"を示すものではなく，中央卸売"市場"のような物理的な場所は必ずしも必要としない。

図2-1のように金融市場を分類することができる。広義の金融市場として市場型金融市場，外国為替市場，金融派生商品市場，証券化商品市場がある。さらに**相対型取引市場**も広義の金融市場に含まれる。取引者が1対1で取引を行う貸出市場や預金市場が相対型取引市場である。

一般的に金融市場という場合，狭義の金融市場である市場型金融市場を指すことが多い。図2-1と図2-2では広義と狭義の金融市場を分類している。

外国為替市場は外貨の売買が行われる市場であり，金融派生商品市場は原資産から派生した商品（デリバティブ）が売買される市場，証券化商品

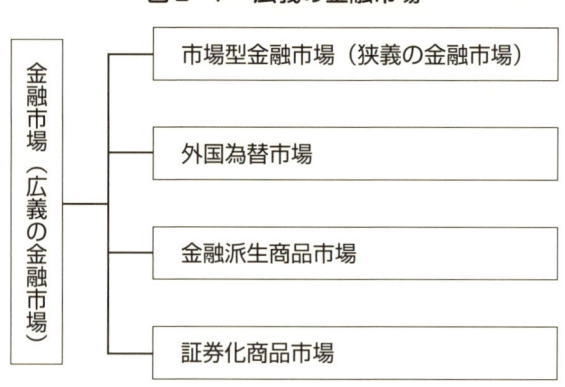

図2-1　広義の金融市場

```
                    ┌─ 市場型金融市場（狭義の金融市場）
                    │
金融市場            ├─ 外国為替市場
（広義の金融市場）  │
                    ├─ 金融派生商品市場
                    │
                    └─ 証券化商品市場
```

図2-2 狭義の金融市場

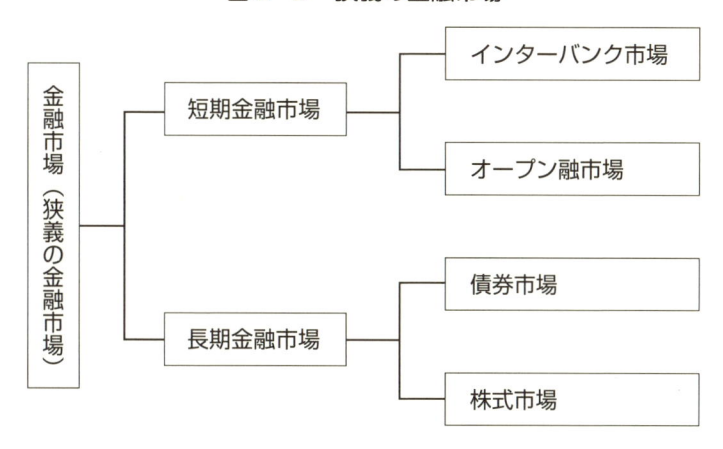

```
金融市場（狭義の金融市場）
├─ 短期金融市場
│   ├─ インターバンク市場
│   └─ オープン融市場
└─ 長期金融市場
    ├─ 債券市場
    └─ 株式市場
```

市場は資産の流動化が行われる市場で，本来は**市場性**を持たない貸付債権等を他者に売却できるように商品化し，それを売買する市場である。

また，市場型金融市場は多数の取引者が参加して競争的な取引を行う市場である。これは取引される資金の期間により，長期金融市場と短期金融市場に分けられる。通常1年を超える資金の取引が行われる市場を長期金融市場（資本市場または証券市場ともいう）といい，1年未満の資金取引を行う市場を短期金融市場とよぶ。

さらに，**図2-2**にあるように，短期金融市場の中でも市場参加者の違いにより，インターバンク市場とオープン市場に分類される。インターバンク市場に参加できるのは金融機関のみであり，オープン市場には銀行以外の一般企業なども参加可能である。一方，長期金融市場は債券市場と株式市場に分類される。

① 短期金融市場

図2-3のように，短期金融市場は市場参加者の性質からインターバンク市場とオープン市場に区別される。

図2-3 短期金融市場

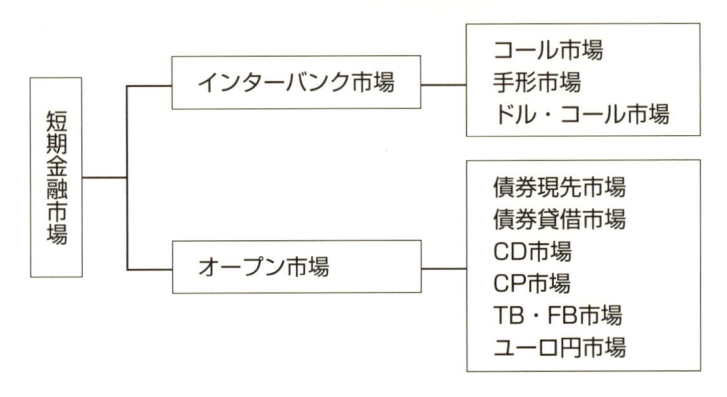

```
短期金融市場 ─┬─ インターバンク市場 ─── コール市場
              │                          手形市場
              │                          ドル・コール市場
              │
              └─ オープン市場 ────────── 債券現先市場
                                         債券貸借市場
                                         CD市場
                                         CP市場
                                         TB・FB市場
                                         ユーロ円市場
```

(1) インターバンク市場

　代表的なものはコール市場と手形市場である。コール・手形市場は，いずれも銀行や証券会社などが短期の資金繰りを相互に調整し合うための市場である。

● **コール市場**

　コール市場は一時的な資金不足を金融機関どうしで調整する市場である。コール市場は，取引の際の担保の有無により有担保コール取引と無担保コール取引に分けられる。有担保コール取引には半日物，翌日物，期日物がある。

表2-1　コール取引

有担保コール取引	半日物	取引当日中に決済が行われる
	翌日物	原則，取引の翌日に決済が行われる
	期日物	2日物～5日物があり，取引日の2日～6日後に決済が行われる
無担保コール取引	翌日物	オーバーナイト物とも言い，原則，取引の翌日に決済が行われる
	期日物	1週間物～3週間物，1カ月物～11カ月物，1年物がある

両取引において取引の中心となる商品は翌日物で，この金利である無担保**コール・レート**が金融政策において重要視されている。日本銀行は，この金利を用いて金融調整を行っている。

● **手形市場**

手形市場（手形売買市場）は1971年に創設された市場であり，コール市場より少し長めの資金を調達する手段として利用される。優良企業が振り出した商業手形を金融機関間で売買することで資金調達を行う。取引期間は1週間～1年である。

● **ドル・コール市場**

ドル・コール市場は1972年に創設された市場である。その目的は，金融機関の短期的な外貨（ドルやその他の外貨）の不足を調整することである。現在では東京オフショア市場創設にともない，外貨資金取引はオフショア市場で行われ，取引高は減少している。

(2) **オープン市場**

代表的なものは債券現先市場，債券貸借市場，CD市場，TB市場である。インターバンク市場とは異なり，金融機関だけでなく一般企業・地方公共団体なども参加可能となっている。

● **債券現先市場**

債券現先市場とは，一定期間後にあらかじめ定めた価格で債券を買い戻す（もしくは売り戻す）という条件を付けて債券を売る（もしくは買う）取引を行う，つまり条件付き債券売買取引の市場である。この条件付き債券売買取引を**現先取引**という。たとえば，1ヵ月後に101万円で買い戻すことを約束して国債を100万円で売却した場合，100万円を借りて1ヵ月後

に100万円と金利1万円を返済することと同じであり，現先取引は債券の売買というより，実質的には債券を担保にした資金の貸し借りである。

●債券貸借市場

　債券貸借(レポ)市場は1996年に創設された市場であり，債券を貸借し，その賃借料を受け払いする市場である。取引の中心となっている現金担保付債券貸借取引（レポ取引）は，現金を担保に債券を借り貸しする。現金と債券が交換されるので，実質的には債券現先と同じ取引である。債券貸借取引では債券の貸手は資金の借手でもある。反対に債券の借手は資金の運用者であり，現金を担保にして債券を借りていることになる。債券貸借市場はあらゆる金融機関が自由に参加しているため，市場の規模は大きくなっている。

●CD市場

　CDは本来，預金証書の意味である。CDはNCDともいい，Negotiable（譲渡＝売買が可能な）CDの意味であって，**譲渡性預金**とよぶ。これは1979年5月に創設された。CDは第3者に譲り渡すことが可能な大口の定期預金で，自由に発行条件を定めることができる自由金利商品であって，一般企業が余剰資金を運用する手段として，また金融機関が資金を調達する手段として利用される。

　CDの法的性格は預金であるから，その発行者は銀行など預金を受け入れる金融機関に限られる。預金者は金融機関およびその関連会社，証券会社，短資会社が中心である。期間が1〜3ヵ月のものが最も多く発行されている。

●CP市場

　CP（コマーシャル・ペーパー）とは，企業が短期資金を調達するため

に割引形式で発行する無担保の約束手形である。無担保の場合は発行企業の健全性が求められるが，現在では発行企業の条件に関する規制は緩和されている。

　CP市場は1987年に創設され，1998年に発行条件等に関する規制が撤廃された。無担保でかつ金利が銀行借り入れより低いこともあり，企業のニーズが高く，市場は拡大している。

● 国庫短期証券

　国庫短期証券は短期国債と政府短期証券が2009年に統合されたものである。短期国債（TB）は割引形式で発行される期間1年以内の短期の国債である。6ヵ月物と1年物が発行されている。アメリカのTreasury Bill（財務省短期証券）に類似しているため，日本でもTBとよんでいる。割引短期国債の発行利回りは流通市場の動向を反映した競争入札で，決定されている。入札利回りが低いものから落札されるコンベンショナル方式によっている。1970年代後半から国債の大量発行が続いたが，それらの国債の償還・借換えに対応するために発行されている。

　また政府短期証券（FB）は，国の一般会計や種々の特別会計の一時的な資金不足を補うために発行される期間60日程度の割引債券である。国庫の短期的な資金不足をまかなうために発行される。財政負担を軽減するために市場金利を下回る水準に金利が設定され，日本銀行がほとんどを引き受けていたが，1999年より公募入札が始まり，売れ残りが生じた場合に日本銀行が残額を入札金利で引き受けることになった。

② 長期金融市場

　長期金融市場は，資金取引期間が1年以上の商品を扱う市場で，証券市場や資本市場ともよばれる。長期金融市場は，扱う証券により債券市場と株式市場とに分類できる。さらに債券市場，株式市場それぞれに新規の発

行を取り扱う発行市場（プライマリー・マーケット）と，発行された証券の売買を取り扱う流通市場（セカンダリー・マーケット）が存在する。

まず，債券市場であるが，債券発行市場は債券が新たに発行される市場であり，債券流通市場はすでに発行された証券を売買する市場である。債券発行市場においては，国や地方公共団体，企業が資金調達をするために債券（新発債とよぶ）を発行し，投資家がこれに応じて資金提供をする。国が発行する債券を国債，企業が発行する債券を社債という。

いったん発行された債券（**既発債**とよぶ）を売買する市場が債券流通市場である。流通市場には取引所取引と店頭取引がある。既発債を売買するために，取引所取引では，投資家から注文を受けた証券会社がその注文を証券取引所に取り次ぎ，取引所で売買の相手方を探す。店頭取引では，証券会社どうしが連絡しあって**相対**取引（1対1の取引）をする。

債券の流通市場では店頭取引が大部分を占めている。債券の銘柄数は数万以上あり，しかもその一部は年々償還されるとともに新規の発行もされるなど常に入れ替わっており，取引所で売買するには物理的な限界があるからである。そのほか，債券は銘柄が異なっても同じような値動きをする，

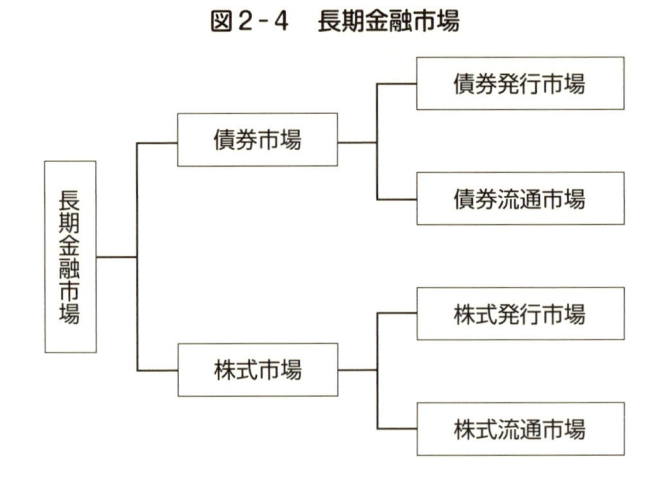

図2-4　長期金融市場

```
長期金融市場 ─┬─ 債券市場 ─┬─ 債券発行市場
              │             └─ 債券流通市場
              └─ 株式市場 ─┬─ 株式発行市場
                            └─ 株式流通市場
```

取引単位が大きいなどの理由にもよる。

　次に，株式の発行市場では株式が新たに発行され，流通市場ではすでに発行された株式が売買される。発行市場において企業等は，資金調達をするために株式を発行し，投資家がこれに応じて資金を提供する。

　株式の流通市場では，発行された株式が投資家と投資家の間でその時々の時価で売買される。流通市場は証券取引所などであり，いったん発行された有価証券が対象となる。証券取引所には，第1部，第2部，新興企業向け市場（東証マザーズ）といった企業の業績や規模に応じた市場区分がある。

第3章

近年の日本の金融と証券の状況

　本章では，近年のわが国の金融と証券の制度と市場の状況を説明する。取り上げるのは，国債大量発行，金融自由化，株式持合，ビッグバン，1990年代以降の制度改革，財政投融資の改革などである。なお，明治時代から昭和40（1965）年度の国債発行再開までは**第9章**で説明する。

1 1980年代

① 国債の大量発行

　わが国では1970年頃に高度成長が終わり低成長期に入った。後の章でみるように，戦後なされていなかった長期国債の発行が65年度に再開され，70年代半ばからは大量発行が続けられるようになった。それにつれて国債が大量に蓄積されるようになり，それまで認められていなかった流通市場での売却が77年に可能になった。これを**国債流動化**とよぶ。その後83年に国債の銀行窓口での販売（窓販，つまり委託売買），84年銀行の国債ディーリング（自己売買）といった証券業務（☞**第7章**参照）が開始され，従来から行われていた銀行・証券分離規制（☞**第9章**参照）がくずれていった。また国債の大量流通は80年代半ば以降の金融自由化の一つの引き金にもなった。

② 金融自由化

　70年代半ば以降，国債の大量発行と大量流通，経済成長にともなう金融資産の蓄積，資金の内外の流れの増大が進み，金融市場にさまざまな変化を引き起こし，同時に金融自由化の背景を形成した。具体的には国債の流通市場が拡大し，それと同時に国債など債券の**現先取引**が増大した。また従来，コール・手形売買市場で構成されるインター・バンク（金融機関間の）市場のみから成っていた短期金融市場（☞**第2章**参照）に，**CD**（**譲渡性預金**。79年開始，自由金利）市場が現先とともに加わりオープン市場（金融機関以外の企業なども参加できる市場）を形成した。

　80年代に入って外為法（外国為替および外国貿易管理法）の改正（80年），銀行法の改正（81年）がなされ，また預金金利の自由化，短期金融市場の

整備,円の国際化の推進などを内容とする「日米円・ドル委員会報告書」(84年)が作成され,これらを契機として金融自由化が進展した。

金融自由化には金利の自由化と業務分野の自由化の両面がある。金利の自由化は70年代末にCD創設として始まり,短期金融市場,預金市場,貸出市場へ波及して90年代にほぼ完了した。

業務分野の自由化はまず,銀行の証券業務への参入として国債の窓口販売,ディーリングが解禁された後,本格的な自由化は外国銀行の信託業務への参入(85年),**相互銀行**の普通銀行への転換(89年)として開始された。さらに,93年以降,銀行,証券会社,信託銀行は**業態別の子会社方式**での銀行・証券・信託業務への相互乗り入れが行われるようになった。

③ 株式持合の変化

株式持合(もちあい)とは金融機関以外の事業会社どうし,あるいは事業会社と金融機関が,互いに相手の会社の株式を持ち合うことである。この現象は次のように進展した。まず1950年代に**財閥の解体**により,大量の株式が放出されて個人などが保有したが,株式の買い占めに対処するために持合が進められた。また60年代から70年代に進められた**資本自由化**の際,乗っ取りや外資に対処するため,持合が進展した。さらに80年代には,借入れではなく**増資**などにより企業が資金調達を行った。

しかし近年,持合を修正する動きが強まった。これは,株価の低迷で株式の含み益(値上がりしているが売却していないため実現していない利益)が減少したこと,企業経営の監視を強めるべきであるというコーポレート・ガバナンス(企業統治)意識の高まりなどによる。なお,2006年頃からは**投資ファンド**などによる**敵対的買収**に備えるなどのために持合が復活傾向にある。

④ 金融ビッグバン

　自由で（free）公正で（fair）国際的な標準と整合的な（global）市場を目標に，わが国でも英国にならって**金融ビッグバン**が1998年4月から始められた。

　改革が行われた背景はわが国金融の弱体化である。従来わが国の金融は護送船団方式とよばれるやり方をとっていたため，銀行は破綻しないという神話があった。しかし北海道拓殖銀行（97年），足利銀行（2003年）が破綻して神話は崩壊した。さらに10年には日本振興銀行の破綻により，ペイオフが初めて実施されることになった。また，90年代前半のバブル崩壊により不良債権問題と貸渋り・貸はがしが問題になった。バブルがはじけて金融システムにおける問題点が明らかにされた。

　ビッグバンの主な目的は，日本の金融システムを間接金融から直接金融へ移行させることと，東京金融市場をニューヨークやロンドンのような国際金融市場に発展させることであった。

　ビッグバンは金融機関の活動に関する規制緩和を行い，98年の金融システム改革法につながった。ビッグバンの内容は以下のとおりであった。金融システム健全化として**早期是正措置**が98年に導入され，外為法改正も98年に行われた。業態間の乗り入れとしては，銀行による投資信託の販売が97年に，保険販売が05年に，証券仲介業が04年にそれぞれ開始された。会社や個人が窓口になる証券仲介業は03年に認められていた。

　年金については企業年金の**時価評価**が97年に始まり，01年に運用規制が廃止された。また**確定拠出型年金（日本版401k）**が01年に導入された。

　企業会計でも連結表示が98年に導入され，時価会計は99年から順次取り入れられた。さらに**金融持株会社**が98年に解禁された。

　銀行が破綻したときに預金の全額保護はされずに預金保険金が支払われるというペイオフが02年に一部実施され，05年からは完全実施となった。10年の日本振興銀行破綻にともない初めて実施された。

ビッグバンによりもたらされたさまざまな規制緩和から生じた問題点に対処するために法的な整備が進められた。00年の金融商品販売法では業者の説明責任を明確にし，06年の金融商品取引法は業態別のタテ割りではなく横断的に業界を監督し投資家を保護することを目指した。

❷ 90年代以降の金融・証券制度の改革

90年代に入って証券会社の損失補てんなどの不祥事が明るみに出たことなどから，証券取引法が改正された（92年施行）。また，92年に証券取引の公正さ・透明性の確保を目的として証券取引等監視委員会が設置された。98年には金融機関の監査・監督を行う金融監督庁が設置され，00年に金融に関する企画などの業務も行う金融庁に改組された。これは90年代の金融機関の破たん，金融・証券業界の不祥事などで旧大蔵省の金融・証券行政に対する批判が高まったためであった。

その後の規制緩和などにより，金融・証券市場では競争や再編が促進された。株式売買手数料の完全自由化（99年）と**取引所集中原則**の廃止（98年）で手数料は低下し，市場外取引が増加するとともに**ネット証券取引**が拡大，異業種からの証券業への参入も相次いだ。90年代末に東証マザーズなど新興企業向け株式市場の設立も行われた。

証券市場の改革プログラム（01年）により，政府は「貯蓄から投資へ」の考え方を推し進めようとしたが，依然として間接金融優位の構造が大きく変化したとはいえない。

❸ 財政投融資の改革

財政投融資とは政府の投資・融資である。この制度では，大蔵省（現財務省）の資金運用部が郵便貯金や年金の積立金などの資金を全額預かり（預

託），公庫や公団などの特殊法人に融資していた。こうした仕組みを「財政投融資」，略して財投といい，この財投の資金を利用している政府系金融機関やその他の特殊法人のことを財投機関とよぶ。郵便貯金にお金が集まりすぎて財政投融資額が多くなり，特殊法人や政府系金融機関の無駄づかいになっているのではという反省から改革が行われた。

　特殊法人への融資が増えると，特殊法人が赤字になった場合，郵便貯金をもとにした財政投融資の資金は回収できなくなり，それを税金で穴埋めすることになって問題が生じる恐れがあった。

　2001年に改革が行われた。資金運用部は廃止，代わって財政融資資金が新設された。また郵便貯金などを預託する仕組みも廃止された。郵便貯金などは市場で自主的に資金運用し，特殊法人（財投機関）は財投機関債といわれる債券を発行して市場から自主的に資金調達を行うことになった。

　業績悪化などの理由で財投機関債を発行できない特殊法人には**政府保証債**の発行を認め，さらに，財投機関債・政府保証債でも資金調達が困難な場合には，政府が財投債（または財融債）とよばれる債券を発行して調達した資金を融資することになっている。なお財投債は実質的には国債とほとんど同じである。

第4章

家計の金融行動と資産選択

　本章では家計あるいは投資家が金融面でどのように行動するかを考える。第2節では資産選択に際して考慮される資産のリスクとリターンを説明する。
　第3節と第4節では投資家が選択の対象とするポートフォリオがどのように表され，それらをどう選択するかが取り上げられる。

1 消費と貯蓄の決定

家計は労働することにより収入（所得）を得ている。得られた所得の一部を使ってモノ（財）やサービスを買う，つまり消費を行う，その結果残ったカネが貯蓄に回される。したがって，貯蓄と消費は

　　貯蓄＋消費＝所得

という関係で決まる。（☞第6章，IS曲線を参照）

消費を決めるものとしては所得の大きさ，利子率の高さ，時間選好の程度などがある。所得が増えれば一般に消費も増えるであろう。家計が現在時点で消費しないとするとそれを貯蓄に回し，将来時点において貯蓄を取り崩してあらためて消費することになるが，利子率が上がれば貯蓄から得られる利子が増えるから貯蓄がより多くなされ，それだけ現在の消費は減少する。投資家の時間選好とは，将来の消費よりも現在の消費を重視することであり，その程度が大きくなると現在の消費が増える。

なお，貯蓄と消費はこのように同時に決定されるものであるが，一定の条件下では両者の決定は分離可能であり，学説史的にも別々に展開されてきた。そこで本章でも，貯蓄つまり資産の選択を，消費と切り離して説明することにする。

2 リスクとリターン

① 資産の選択

ポートフォリオ（portfolio）とはそもそもは書類カバンを意味していたが，転じて資産あるいは証券の「組み合わせ」を意味するようになった。

投資家は現金・預金や株式・債券などの金融資産のほかに不動産などの実物資産を組み合わせて保有する。これらの資産には将来の価格が確定していないものが多く含まれる。資産選択理論あるいはポートフォリオ理論は，投資家が保有するこれら各種資産の組み合わせ（ポートフォリオ）をどのようにして決めるかを考える。その際にミクロ経済学の消費者行動の理論とさらには生産者行動の理論の枠組みを利用する。なおこの章では証券と資産は同じ意味で使うことにする。

② 資産選択理論

　資産選択理論では次のような仮定を置いて考える。第1に投資家は資産からより高い収益率，つまり収益（return，利益）を元手で割ったもの，を得ようとする。第2に将来の収益率は確定してはいない，すなわちいくつかの値をとると予想することはできるが，そのうちのどれになるかは断定できない。

　資産の将来の価格や収益，収益率のように，一意的に（1つの値に）決まるのではなく，複数の値を持っていてそれらがある確率で発生するような変数を確率変数とよぶ。収益率は統計学の期待値・平均値の概念で考える。また収益率のばらつき・散らばりの程度は分散もしくはその平方根である標準偏差でとらえることができる。これは危険（risk）の尺度を表すと考えられる。これらについては本章補論で説明している。リターンとリスクの2パラメータを用いて資産選択を分析する方法を2パラメータ・アプローチまたは平均・分散アプローチとよぶ。

③ 3タイプの投資家

　投資家にはリスクをきらう人がおり，他方ではリスクをいとわないばかりかむしろ好ましいと考える人もいるであろう。投資家をリスクに対する態度，つまりリスクについての選好（好み）によって3タイプに分けるこ

とにする。これら3タイプは消費者行動の理論と同様に、**効用**（つまり満足度）が等しい点の集まりである**無差別曲線**を用いて説明できる。

リターンが一定である場合に、リスクが増えれば効用が減少するような投資家を危険回避者とよぶ。言い換えれば、危険回避者はリスクを嫌っており、リスクが増えるとそれだけ満足度が低下してしまうのである。

逆に、リスクが増えたとき効用が増加する投資家を危険愛好者とよび、リスクの増減が効用に影響を与えない、つまり効用はリターンのみに影響されるような投資家を危険中立者とよぶ。なおリターンの増加は3タイプとも効用の増加をもたらす。

以下ではこれら3タイプのうち最もありそうなタイプである危険回避者だけを取り上げることにする。危険回避者の効用曲線は**図4-1**のように右上りで上にふくらんでいる。詳しくは**付論⑤**（☞63頁）で説明している。

次に効用についての無差別曲線を考える。無差別とは効用つまり満足度が等しくて差がないことを意味し、無差別曲線は無差別な点を集めた曲線（等効用曲線）である。縦軸にリターンを意味する収益率の期待値（記号では μ [ミュー] で示す）、横軸にリスクを示す収益率の標準偏差（記号で

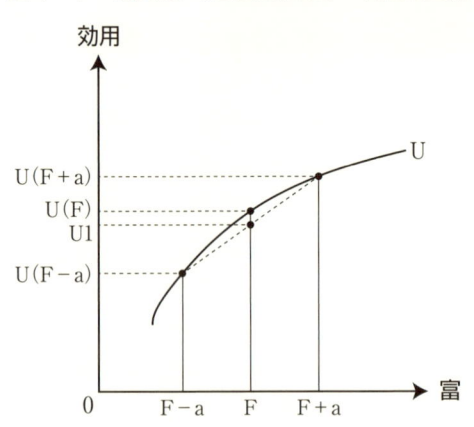

図4-1　投資家（危険回避者）の効用曲線

図4-2　投資家（危険回避者）の無差別曲線

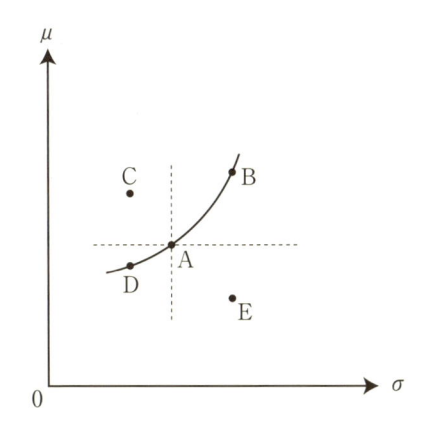

は σ［シグマ］）をとった**図4-2**において，無差別曲線は右上がりであると示される。この図では，消費者行動の場合の**図0-1**（☞**用語解説** 142頁）と異なり，左上に行くほどリターンが大きく，リスクは小さくなる。つまり左上ほど効用は大きくなる。詳しくは**付論⑥**（☞64頁）で説明している。

④ 安全資産と危険資産

　資産選択を考える場合には資産を安全資産と危険資産の2タイプに分ける。安全資産とはリスクがゼロ，つまり収益率の分散がゼロであるような資産である。収益と収益率が確率変数ではない資産であるとも表現でき，例として現金・預金があげられる。危険資産とはリスクがゼロではない資産であり，その収益と収益率はともに確率変数である。株式・債券などがその例である。

3 投資家の選択対象

① 機会軌跡

投資家が資産を選択する際に対象にするのはいくつかの資産を組み合わせるポートフォリオである。投資家がどのようなポートフォリオを選択できるかを図示する曲線は機会軌跡とよばれる。無差別曲線と同じく，これも図4-3などのように縦軸にリターン（μ），横軸にリスク（σ）をとって描かれる。

図4-3　機会軌跡（危険資産どうしの組合せ）

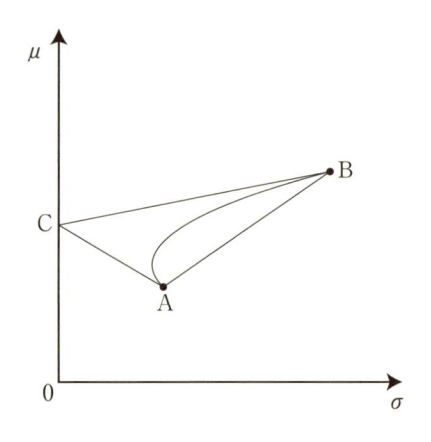

② 投資家のポートフォリオ

(1) 危険資産2個で構成されるケース

まず，子供に玉子を買いに行かせるとき，どうすれば玉子を割らないように持ち帰る（リスクを小さくする）ことができるか，を考えよう。1人の子供にすべての玉子を持たせるとその子が転んだら玉子は割れてしまう。

そこで2人にすると，すべてが割れてしまう可能性は小さくなる。さらにより安全な方法は2人に違う道を通って帰ってこさせることである。

このようにリスクを小さくするにはなるべく違う行動を取らせるのがよい。ポートフォリオを作るのも同様で，なるべく性格の違う資産，つまり，資産の収益率の動きが似ていない，言い換えれば収益率の間の相関が弱く相関係数が低い，そのような資産を組み合わせるとリスクを小さくすることができる。相関係数は本章末尾の**補論**（☞68頁）で説明される。

付論⑦(1)ではこれらのことが式を使って説明される。（☞**付論⑦** 65頁）

図4-3に示されるように，2つの危険資産AとBを組み合わせて作るポートフォリオのリスクとリターンの関係を示す機会軌跡は直線AB，BC，CAで囲まれた三角形と，一般的にはその内部を通る曲線ABとして描かれる。

(2) 安全資産1個と危険資産1個のケース

安全資産Aと危険資産Bを組み合わせて保有する場合は**図4-4**のとおりである。図のA点が安全資産，B点が危険資産を表し，ポートフォリオ

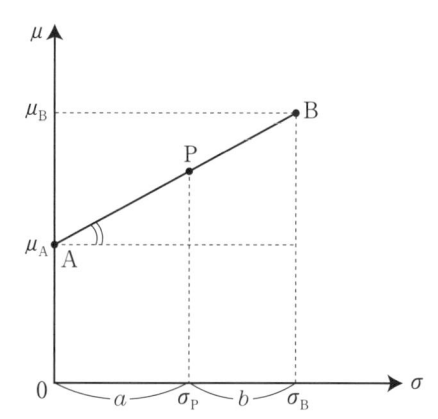

図4-4　機会軌跡（安全資産と危険資産の組合せ）

(P)の機会軌跡は直線ABとして示される。直線AB上の点Pがポートフォリオ(P)のリスクとリターンを示し，A点からP点までの距離は危険資産の比率，P点からB点までの距離が安全資産の比率を表している。A点は安全資産のみを保有し危険資産は保有していない状況を示しており，P点がA点と重なっているときP点からB点までの距離は最大でありA点からP点までの距離は最小になっている。A点から出発してB点の方へ動いていくと，つまり危険資産の比率を徐々に高めていくと，最後にはP点はB点と一致する。したがってB点は危険資産のみを保有している状況を示すことになる。これらのことは**付論⑦(2)**で式により説明されている。

(3) 安全資産1個と危険資産2個のケース

安全資産Cと2危険資産（AとB）を組み合わせる時の状況は**図4-5**のとおりである。まずAとBから一般には曲線ABが得られ，次にこの曲線上の点Dと点Cを組み合わせると上記(2)から直線CDが得られる。このほかに曲線AB上の点D以外の点と点Cとを結ぶ直線が何本も得られる。

図4-5　機会軌跡（1安全資産と2危険資産の組合せ）

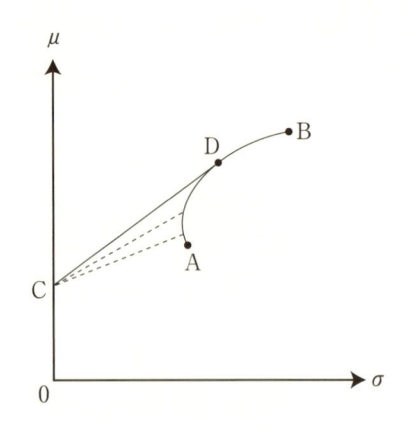

(4) 多数の危険資産のケース

　危険資産が多数ある場合が**図4-6**で示される。まずAとBの2資産の組み合わせから1本の機会軌跡AEBが導かれる。次に，その曲線上の点で表されるポートフォリオEと第3の資産Cを組み合わせて新たな第2の機会軌跡EFCが得られる。さらのこの線上の点Fと第4の資産Dの組み合わせから第3の機会軌跡FDが得られる。このようにして結局すべての資産を包み込む線（包絡線）AGPHDが全体の機会軌跡となる。

　ところで，投資家は機会軌跡のうちで右上がりの部分のみを選択対象とし，**図4-6**のP点の下方の部分AGPは選択対象とならない。なぜなら，危険回避者である投資家はリスクが同じであればより高いリターンを選ぶから，図の点Gと点Hを比べると前者は選ばれることはないからである。点Pをリスク最小の点とするとき，曲線PHDの部分を効率的フロンティアとよぶ。

図4-6　機会軌跡（多数の資産の組合せ）

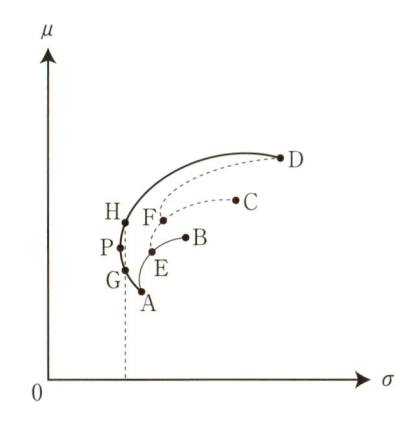

4 最適ポートフォリオ

① 最適ポートフォリオの選択

　投資家の無差別曲線と効率的フロンティアが決まると投資家は最適なポートフォリオを決定することができる。投資家が2つの危険資産AとBと1つの安全資産Sでポートフォリオを作るケースを取り上げよう。図4-7に示すように効率的フロンティアの曲線CBとS点からの直線の接点をQ点とする。この場合，投資家にとって実現可能な資産の組み合わせのうち最も左上にある，つまりより高い効用をもたらす効率的フロンティアはS点からQ点までの直線と曲線QBとである。

　次に投資家の無差別曲線I1をこの図に追加すると，直線SQと無差別曲線の接点としてP点が得られる。たとえばI2の無差別曲線と比べてみると，P点が投資家の選択可能な効率的フロンティア上で効用が最も大きくなる，つまり最も左上にある点であることがわかる。

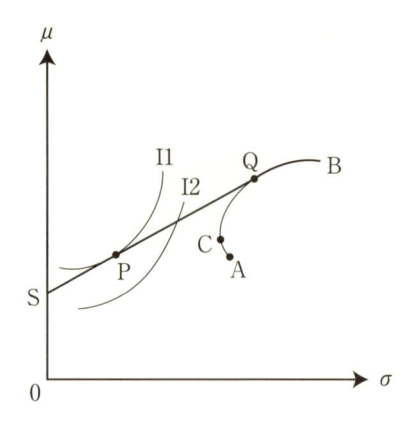

図4-7　最適ポートフォリオ

② 分離定理

図4-7のように危険資産のみの組み合わせから決まる最適点Qは投資家の無差別曲線とは無関係に決まっている。これに対し，P点は危険資産全体と安全資産の比率を決めるが，これは投資家の無差別曲線がどのような形状になっているかに依存する。投資家が最適な資産選択を行う場合に，安全資産と危険資産の比率をどう決めるかという問題（つまりP点の決定）と，危険資産どうしの比率をどう決めるかという問題（つまりQ点の決定）とは分離可能である。言い換えれば，投資家の危険資産のみの組み合わせの決定（Q点の決定）は，無差別曲線で示される投資家の選好からは独立である。このことを分離定理とよんでいる。

5 家計の資産保有の状況

表4-1は1985年から2009年までのわが国の家計の金融資産保有推移を示している。これによれば，現金・預金，とりわけ定期性預金の比率は低下してきているが，証券の比率が逆に増加しているとはみられず，近年の「貯蓄から投資へ」のかけ声が成功しているとは必ずしも考えられない。表4-2が示している最近の状況を米国と比べてみても，預金の割合が高く証券の比率が低いことは顕著であり，間接金融の優位というわが国の特徴は変わらないようにうかがえる。

ではこのような特徴はどう説明できるのであろうか？ 第1に，家計に安全志向があることがあげられる。銀行・郵便局などの預貯金と株式などの証券への投資を比べると，前者は元本が減少することはないのに対し，後者は値上がりしてもうけが出ることもあれば，値下がりして元手が減ってしまうこともある。家計のうち資産を多く持っていない家計が値下がりリスクのある証券へ生活費を使って投資することは考えがたい。資産蓄積がある程度進まないとリスクをともなう投資行動には進みにくい。

第 2 に，家計の銀行と証券会社に対する意識の違いも説明要因になるかもしれない。戦前の証券投資は現在よりもはるかにリスクの度合いが高かったという歴史的な経緯もあり，家計は証券投資への参加に消極的である。言い換えれば，証券会社に対するなじみの度合いは銀行とのそれに比べて少ないといえよう。

表 4-1　わが国の家計の金融資産推移

年末	1985	1990	1995	2000	2005	2009	米国 (2009年)
現金・預金	58.1	53.4	55.7	53.1	51.9	55.2	14.3
うち定期性預金	48.4	43.9	45.3	41.7	34.2	31.9	13.7
保　険	15.4	20.8	24.8	27.1	25.9	27.3	28.9
証　券	19.0	17.9	12.8	10.1	17.3	13.2	39.1
合　計	574.2	935.1	1182	1471	1508	1456	45.1兆ドル

注：各資産の構成比（％），合計は金額（兆円）。
出所：日本銀行「資金循環勘定」，米国連邦準備銀行「資金循環表」。

表 4-2　日米の家計の資産構成（2010年3月、構成比％）

	日　本	米　国
現金・預金	55	14
株式	7	31
債券	3	9
投資信託	4	12
保険・年金	27	30

出所：日本銀行「資金循環の日米比較」。

付論 5 危険回避者の効用曲線

　投資家には2つの選択肢があるとする。1つは損失を被るかもしれない危険をともなう投資を行うこと，第2は損失が生じないように何もしないことである。ある投資プロジェクトに参加することを考える。元手F円を使って投資を行い，成功したらa円の利益，失敗したらa円の損失が発生するとする。富の大きさはそれぞれF＋a，F－aとなるが，成功と失敗の確率はともに0.5であるとする。この場合の効用はどうなるであろうか。

　効用を富の関数としU（・）で示す。成功時の効用はU（F＋a），失敗時の効用はU（F－a）であるから，効用の期待値（期待効用ともよぶ）は0.5×U（F＋a）＋0.5×U（F－a）である。他方，何もしない場合には富は変化せず，それからの効用はつねにU（F）のままである。危険回避者とはリスクが増えれば効用が減少する投資家であるから，あえて危険をともなう投資を行うときの効用（の期待値）は何もしないで危険にさらされない場合の効用に比べて小さくなってしまう。つまり

　　　0.5×U（F＋a）＋0.5×U（F－a）＜U（F）

である。なお両方の場合とも収益（リターン）の平均値（＝期待値）は0で変わらない。この関係は図4−1で示されている。縦軸に効用の大きさ，横軸に富の大きさを取る。富がF−aとF＋aの時の効用の大きさがそれぞれU（F−a），U（F＋a）であり，この2点を結ぶ中点の高さが0.5×U（F＋a）＋0.5×U（F−a）である。これをU1と書くと，富がFであるときの効用U（F）よりもU1は小さいのであるから，図のように上にふくらんでいる曲線が得られる。

第4章　家計の金融行動と資産選択　63

付論 6 危険回避者の無差別曲線

　図4-2のA点を取り上げ，これと無差別であるような点の存在する領域を探そう。まず左上の領域にC点を取る。A点と比べるとC点は左側にあるからより小さなリスクを持ち，上側にあるからより大きなリターンを持っていて，いずれも効用を増す。したがってC点はA点よりも好ましくなり，無差別ではあり得ない。

　次に，右下のE点はA点と比べるとより大きなリスクとより小さなリターンを持ち，いずれも効用を減らすからA点よりも好ましくなく，この点も無差別ではあり得ない。

　では右上のB点はどうであろうか。A点と比べるとリスクはより大きくて効用を減らすがリターンもより大きくて効用を増やす，したがって効用にはプラスとマイナスの影響を与えるから，効用の大きさを変えないかもしれない，言い換えればA点と同じくらい好ましく無差別である可能性がある。左下のD点も同様に考えることができ，A点と無差別である可能性がある。このように，無差別である点が存在するのは，A点の右上と左下の領域であり，したがって無差別曲線はこれらの領域を通る点の集合となり，右上がりの（一般には）曲線である。

付論 7 ポートフォリオの分散

(1) 危険資産 2 個で構成されるケース

2つの危険資産（AとB）からなるポートフォリオ（P）の収益率の分散を考える。各資産の収益率（確率変数である）をR_A, R_B、それらの分散をσ_A^2, σ_B^2、両資産の収益率の間の相関係数をρ_{AB}（$-1 \leq \rho_{AB} \leq 1$）、それらの共分散をσ_{AB}とする。危険資産AとBをa対bの比率で組み合わせてポートフォリオを作る。ここにa+b=1である。ポートフォリオ全体の収益率は以下のようになる。

$$R_P = aR_A + bR_B \tag{a1}$$

上記の分散（σ_P^2）は、後記の**補論**（☞68頁）の式（b12）から次のように示される。

$$\begin{aligned}\sigma_P^2 &= a^2\sigma_A^2 + b^2\sigma_B^2 + 2ab\sigma_{AB} \\ &= a^2\sigma_A^2 + b^2\sigma_B^2 + 2ab\rho_{AB}\sigma_A\sigma_B\end{aligned} \tag{a2}$$

ここで$\rho_{AB} < 1$であれば、この式の右辺は

$$a^2\sigma_A^2 + b^2\sigma_B^2 + 2ab\sigma_A\sigma_B$$

よりも小である。つまり以下のようになる。

$$\sigma_P^2 < (a\sigma_A + b\sigma_B)^2$$

したがって、

$$\sigma_P < a\sigma_A + b\sigma_B$$

が成立する。このポートフォリオ全体の収益率の標準偏差σ_Pすなわちリスクは、保有割合a, bをウエートとし個別の危険資産のリスクを加重平均した右辺と比べると、後者よりも小さくなる。

次に$\rho_{AB}=1$、つまり2つの危険資産がまったく同質的であれば、(a2)式の最も右の辺は

$$a^2\sigma_A^2 + b^2\sigma_B^2 + 2ab\sigma_A\sigma_B$$

となり、

$$\sigma_P^2 = (a\sigma_A + b\sigma_B)^2$$

が成立する。この場合、ポートフォリオ全体のリスクは個別の危険資産のリスクを加重平均した値と等しい。

最後に$\rho_{AB}=-1$、つまり2つの危険資産がまったく正反対の性質を持てば、(a2)式の右辺は

$$a^2\sigma_A^2 + b^2\sigma_B^2 - 2ab\sigma_A\sigma_B$$

であり、

$$\sigma_P^2 = (a\sigma_A - b\sigma_B)^2$$

となってこれは(a2)式の最も右の辺よりも小さい。すなわちこの場合のリスクはほかに比べて最小になる。

以上から、2つの危険資産AとBを組み合わせて作るポートフォリオのリスクとリターンの組み合わせを示す曲線である機会軌跡は直線AB, BC, CAで囲まれた三角形の内部を通る曲線ABとして本文の**図4-3**のように描かれる。ここに直線ABは$\rho_{AB}=1$の場合に相当し、直線BCとCAは$\rho_{AB}=-1$の場合に相当し、曲線ABは$\rho_{AB}<1$の場合に相当する。

(2) 安全資産1個と危険資産1個のケース

2つの資産AとBのうちAは安全資産，Bは危険資産であるとし，これらで構成されるポートフォリオPを考える。式（a1）から

$$E(R_P) = aE(R_A) + bE(R_B)$$

である。$E(R_P)$をμ_P，$E(R_A)$をμ_Aなどと表記するとこの式は

$$\mu_P = a\mu_A + b\mu_B \tag{a3}$$

と書くことができる。Aは安全資産であってリスクはないから$\sigma_A = 0$であり，これと（a2）式から

$$\sigma_P^2 = b^2 \sigma_B^2$$

である。これから

$$b = \sigma_P / \sigma_B,$$

また，

$$a = 1 - b = 1 - \sigma_P / \sigma_B,$$

これらを（a3）式に代入して整理すると

$$\mu_P = \mu_A + [(\mu_B - \mu_A)/\sigma_B] \sigma_P$$

となる。この関係を図示すると本文の**図4-4**のように，切片がμ_A，傾きが$(\mu_B - \mu_A)/\sigma_B$の直線となる。図のA点が安全資産，B点が危険資産を表し，ポートフォリオPは直線AB上のP点として示される。A点からB点までの距離を1とすると，$b = \sigma_P / \sigma_B$であるからA点からP点までの距離は危険資産の比率，$a = 1 - b$であるからP点からB点までの距離が安全資産の比率をそれぞれ表している。

補論　統計の初歩

以下は統計学の初歩のうち本書で必要とする部分である。

① 平均値と分散

統計分布の特性を表すものに平均（mean）と分散（variance）がある。将来の値は確実にはわからないが，それらが複数の値を取ると予想できる変数を確率変数（stochastic variable）という。確率変数XのN通りの値を$X_1, X_2, \cdots, X_N$とすると，平均値μは，

$$\mu = \frac{1}{N}(X_1 + X_2 + \cdots + X_N) \tag{b1}$$

によって与えられる。またそれぞれの値の発生する確率πが異なる場合，

$$\mu = \pi_1 X_1 + \pi_2 X_2 + \cdots + \pi_N X_N \tag{b2}$$

である。ここにπ_1はX_1の発生する確率を表し，π_2以下も同様である。かつ

$$\pi_1 + \pi_2 + \cdots + \pi_N = 1$$

である。

次に，データの散らばりの程度を示す指標として分散がある。データXの分散$\mathrm{Var}(X)$はσ_X^2とも書き，次式より求められる。

$$\sigma_X^2 = \pi_1(X_1 - \mu)^2 + \pi_2(X_2 - \mu)^2 + \cdots + \pi_N(X_N - \mu)^2 \tag{b3}$$

分散σ^2の平方根σを標準偏差（standard deviation）という。分散と異なり標準偏差は標本データと同じ単位になる。

散らばりの程度を示す指標が危険（risk）の尺度になることは次のよう

に説明できる。出る目の数によりもらえる賞金が異なる次のようなサイコロゲームを考えよう。ゲームＡでは１が出ると3,000円，２が出ると4,000円というように目の数が１増えるにつれて1,000円ずつ賞金が増えていき６が出ると8,000円である。ゲームＢでは，１が出ると賞金はゼロ，２が出ると1,000円，３なら5,000円，４なら6,000円，５なら10,000円，６が出ると11,000円とする。

サイコロの目	A	B
1	3,000	0
2	4,000	1,000
3	5,000	5,000
4	6,000	6,000
5	7,000	10,000
6	8,000	11,000

　サイコロを多数回ふれば目の出方（確率）は同じ1/6になるから，賞金の平均値はどちらのゲームでも5,500円で同じである。しかしどちらが危険の度合いが大きいかを考えると明らかにＢの方である。なぜなら，Ｂではうまくいけば11,000円もらえるが，最悪の場合何ももらえず差は11,000円にもなる。他方Ａでは悪くても3,000円，よくても8,000円で差は5,000円しかない。このように，散らばりの度合いが大きい方がより危険度が大きいとみることができる。散らばりの程度の大小は危険の尺度を示すのである。

② 変数間の関係

　複数の変数の関係を表す尺度として相関係数（correlation coefficient）がある。相関係数は変数どうしの相関，つまり連動の程度を測るものであ

る。相関係数は-1から+1までの値をとる。相関係数がゼロの時は無相関という。相関係数が1の時は完全正の相関といい，2変数がまったく同様の性質であることを意味する。XとYの相関係数ρ_{XY}は，次式により定義される。

$$\rho_{XY} = \frac{\sigma_{XY}}{\sigma_X \cdot \sigma_Y} \tag{b4}$$

右辺分母のσ_Xとσ_Yは，各々XとYの標準変数である。分子のσ_{XY}はXとYの共分散（covariance）とよばれCov(X,Y)とも表される。共分散σ_{XY}は次式で与えられる。μ_xは(b6)式で示されるようにxの平均値である。

$$\sigma_{XY} = \pi_1(X_1 - \mu_X)(Y_1 - \mu_Y) + \pi_2(X_2 - \mu_X)(Y_2 - \mu_Y) + \cdots \\ + \pi_N(X_N - \mu_X)(Y_N - \mu_Y) \tag{b5}$$

なお同じ変数どうしの相関係数は1であり（$\rho_{XX} = \rho_{YY} = 1$），同じ変数どうしの共分散はその変数の分散に等しい（$\sigma_{XX} = \sigma_X^2$）。

③ 確率変数の公式

確率変数Xの平均μ_Xは期待値ともよばれる。期待値expectationsの頭文字からとったE(・)を使って(2)式は

$$\mu_X = \pi_1 X_1 + \pi_2 X_2 + \cdots + \pi_N X_N = E(X) \tag{b6}$$

と表される。E(・)はEオペレータとよばれ，次のような性質を持つ。aとbを確率変数ではない定数（または確定値とよぶ），X，Yを確率変数とするとき，

$$E(a) = a, \tag{b7}$$
$$E(aX) = aE(X) \tag{b8}$$
$$E(X + Y) = E(X) + E(Y) \tag{b9}$$

これらから次が導かれる。

$$\mathrm{Var}(X) = \mathrm{E}(X^2) - [\mathrm{E}(X)]^2 \tag{b10}$$

$$\mathrm{Cov}(X,Y) = \mathrm{E}(XX) - \mathrm{E}(X)\mathrm{E}(Y) \tag{b11}$$

$$\mathrm{Var}(aA + bY) = a^2\mathrm{Var}(X) + b^2\mathrm{Var}(Y) + 2ab\mathrm{Cov}(X,Y)$$
$$= a^2\mathrm{Var}(X) + b^2\mathrm{Var}(Y) + 2ab\rho_{XY}\sigma_X\sigma_Y \tag{b12}$$

最後の関係は次のように導かれる。(b3) 式から

$$\mathrm{Var}(X) = \mathrm{E}[(X - \mu)^2]$$

これから

$$\mathrm{Var}(aX + bY) = \mathrm{E}[(aA + bY - \mathrm{E}(aX + bY))^2]$$

後ろの項は(b8),(b9)式から

$$\mathrm{E}(aX + bY) = a\mathrm{E}(X) + b\mathrm{E}(Y)$$

これから

$$\mathrm{Var}(aX + bY) = \mathrm{E}\{[aX - a\mathrm{E}(X) + bY - b\mathrm{E}(Y)]^2\}$$
$$= \mathrm{E}\{[a(X - \mathrm{E}(X)) + b(A - \mathrm{E}(Y))]^2\}$$

2乗を展開し(b8),(b9)式を使うとこの式は

$$a^2\mathrm{E}[X - \mathrm{E}(X)]^2 + b^2\mathrm{E}[Y - \mathrm{E}(Y)]^2 + 2ab\,\mathrm{E}[(X - \mathrm{E}(X))(Y - \mathrm{E}(Y))]$$

となる。1項目のEオペレータ以下はXの分散,3項目のEオペレータ以下はXとYの共分散であり,最終的に次のような式となる。

$$a^2\mathrm{Var}(X) + b^2\mathrm{Var}(Y) + 2ab\,\mathrm{Cov}(X,Y)$$

参考文献

釜江廣志ほか［2010］『証券論』有斐閣。
酒井泰弘［1982］『不確実性の経済学』有斐閣。

第5章

企業の金融行動

本章では，企業の金融行動について説明する。企業の資金調達がどのように行われているか，その意思決定について説明する。

1 企業の金融行動

　一般的な企業の目的とは何か？企業の目的は，自らの利益を追求し，成長することにある。これは，**利潤最大化**や企業価値の最大化を目的としているといっていい。ここで企業の価値は，負債の市場価値と自己資本の市場価値の合計であるとする。自らの利潤や価値を最大化させるために企業は，財務行動について意思決定を行うが，これに関わる重要な要因として時間とリスクがある。すべての経済活動において，時間と経済価値，リスクと不確実性が意思決定を左右する。これは投資決定と資金調達に関する問題である。

① 現在価値と正味現在価値

　企業が財務行動に関してどのような意思決定を行うかは，投資プロジェクトから得られる収益を評価することで決まる。長期間にわたる投資プロジェクトの収益の評価は，各期における収益を現在価値（**割引現在価値**）に変換することにより求められる。

　意思決定を行う際には，正味現在価値もしくは純現在価値（Net Present Value：NPV）という概念を用いる。このNPVを求めるために，まず現在価値からみていこう。意思決定を行う現時点を 0 期もしくは今期とする。投資プロジェクトを行うために初期投資としてI_0の資金が必要である。この投資プロジェクトを行うことにより，翌期（第 1 期）から第 T 期まで（将来）に各期にC_tの収益が生まれる。ただしこの間の金利は一定で r とする。この投資プロジェクトから得られる収益を金利で**割引く**ことによって次の現在価値が得られる。

$$\sum_{t=1}^{T} \frac{C_t}{(1+r)^t}$$

初期投資のI_0をこの現在価値から差し引いたものが正味現在価値とよばれる。正味現在価値は，現在価値から初期費用を引いたものと定義される。

$$NPV = -I_0 + \sum_{t=1}^{T} \frac{C_t}{(1+r)^t}$$

投資プロジェクトの評価は，このNPVが正の値をとるか負の値をとるかで決定される。NPVが正の値であれば，投資プロジェクトは企業価値を高めるような利益をもたらす。したがって資金調達が可能ならばその投資プロジェクトを実行すべきとなる。複数の投資プロジェクトが存在している場合，NPVが正の値のものの中から，NPVが大きい順に実行すればよいことになる。

ここで，NVPの計算で用いられるrは一般的に利子率もしくは割引率（ディスカウント・レート）とよばれる。企業の意思決定においては現在と将来という時間が重要な要因である。

② 内部収益率

投資プロジェクトの決定において，時間と経済価値を考慮したもう１つの概念がある。内部収益率（IRR）とよばれる概念で，これはNPVをゼロにするような割引率である。先ほどの例と同じように初期投資がI_0だけ必要な投資プロジェクトがあり，この投資プロジェクトを行うことによって，翌期から第T期までの各期にC_tの収益が発生するとする。このとき，この投資プロジェクトの内部収益率は次のように計算される。

$$-I_0 + \sum_{t=1}^{T} \frac{C_t}{(1+\rho)^t} = 0$$

この式を満たすρ（ロー）が内部収益率である。内部収益率を用いた意思決定ルールでは，内部収益率が割引率(r)より大きいならその投資プロジェクトを実行し，内部収益率がrより小さいならその投資プロジェクトは実行すべきでないということである。このとき割引率は，企業からみれ

ば資金調達にかかるコストである。その理由は，投資家にとって割引率は企業に対して投資したことからえられるはずの収益率（期待収益率）を表しており，企業はそれを上回るような，もしくはそれと同じ収益を実現しなければならないからである。それゆえ資金調達コストは資本コストとよばれる。

③ 調達方法

図5-1にあるように，企業が資金調達を行う方法は大きく2つに分けられる。1つは内部資金による方法であり，もう1つは外部資金による方法である。

内部資金には主に**内部留保**と**減価償却費**がある。内部留保とは税引き後の純利益から配当や役員報酬を引いたものである。減価償却費は，企業が保有する建物・機械設備等の有形固定資産は年々使用してその経済価値が減少（摩耗）するが，その部分を補てんするために損益計算上，費用として計上されるもので，企業内に蓄積される。これら内部資金は返済の必要がなく，利子や配当を支払う必要もない。

一方，外部資金にはエクイティ・ファイナンスとデット・ファイナンスがある。エクイティ・ファイナンスはエクイティ（株式）に関するもので，これには，株式発行やワラント債，転換社債による資金調達方法がある。

ワラント債は新株引受権付社債ともよばれ，一定期間内に一定の価格で所定の数量の株式を引き受ける権利が付いた証券である。転換社債は，あらかじめ決められた価格で所定の数量の株式と交換できる証券である。この2つの社債は，新株予約権付社債とよばれている。エクイティ・ファイナンスによって調達された資金も内部資金同様，返済の必要がない。

デット（debt）ファイナンスは普通社債の発行や銀行などの金融機関からの借入で資金調達を行う方法である。

また，内部資金とエクイティ・ファイナンスで調達された資金を**自己資**

図 5-1　企業の資金調達方法

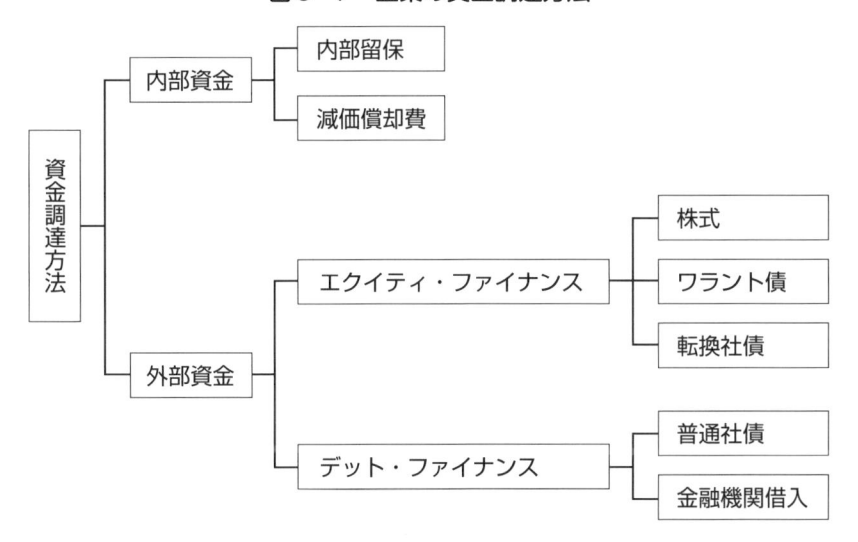

```
資金調達方法
├─ 内部資金
│    ├─ 内部留保
│    └─ 減価償却費
└─ 外部資金
     ├─ エクイティ・ファイナンス
     │    ├─ 株式
     │    ├─ ワラント債
     │    └─ 転換社債
     └─ デット・ファイナンス
          ├─ 普通社債
          └─ 金融機関借入
```

本といい，デット・ファイナンスによって調達された資金を**他人資本**とよぶことがある。

❷ 資本構成

　企業はどのように資金を調達するのが望ましいかの問題は，企業の価値を最大にするには負債と資本の比率をどのように構成すればよいかという最適資本構成の問題となる。

　前節で，投資プロジェクトを実行する際に，投資家が要求する必要最低限の期待収益率を資本コストとよんだ。資金調達を行う際，企業の財務担当者はこの資本コストを最小化したいと考える。この資本コストを最小化するには，どのような資本構成にすればよいか？これも最適資本構成の問題であり，企業価値の最大化と同じ問題である。

　この問題に関して，モジリアーニとミラーの 2 人の学者が定理（MM の

定理）を提示している。MMの定理によれば，完全な市場では資金の調達方法つまり資本構成の違いにより企業価値は影響されないとされる。つまり，自己資本と負債（借入）をどのように組み合わせても，企業価値を変化させることはないということである。これが正しいとすれば，企業の財務担当者は資金調達問題に頭を悩ませる必要がないことになる。彼らは完全な資本市場のもとでは，配当政策も重要ではないことを主張している。

　はたしてそうだろうか？　ここで重要になるのは，資本市場が完全市場であるという前提と投資家の裁定行動の前提である。

　完全市場とは，次の条件を満たす市場のことである。
- 金融取引コストがゼロである
- 法人税が存在しない
- 情報の非対称性が存在しない
- 完全競争市場である

投資家の裁定行動とは，証券の価格差を利用して収益を得ることが可能な機会が存在する場合，投資家が割高の証券を売る，あるいは割安なら証券を買うという行動をとることを指す。

　以上からわかるように，これらの条件が満たされる市場は現実には存在しない。したがって，MMの定理を逆に理解すると，現実の世界では自己資本と負債の最適な組み合わせが存在する可能性がある。ただしこのような見方はMMの定理を批判するものではない。MMの定理により，最適資本構成を議論するうえで何が重要かが明らかにされていることに注目されたい。さらに詳しい説明は付論で行う。（☞**付論⑧** 79頁）

付論 8 MMの第1命題

　ここでは，本文で省略したMMの理論を少し詳しくみていこう。MM理論の基盤をなしている考え方は次のとおりである。つまり，企業の価値は，企業の既存の資産が生み出すキャッシュ・フローの現在価値と将来実施される投資が生み出すキャッシュ・フローの現在価値の合計である。

　なお，現在の資産と将来予想される投資を所与とすれば，配当や資金調達に関する企業の意思決定は，単に既存の株主が受け取る将来の収益（リターン）の形，つまり配当か**キャピタルゲイン**かを左右するだけで，その現在価値に影響を及ぼすことはないとされる。

　ここでMMの第1命題を考えてみよう。

> **第1命題**
> レバレッジのある企業の価値とレバレッジのない企業の価値は等しい。

　まず，レバレッジを定義しよう。レバレッジとは資本と負債の比率のことである。

　一般的に企業は資金調達を行う際，負債を発行するか株式を発行するかを考える。企業の財務担当者は，資金調達コストを最小にしようとする。それが企業価値を最大化する方法だと考えているからである。モジリアーニとミラーは，完全な資本市場では企業価値が資本構成から影響を受けることがないとした。

　これを理解するために，資金調達方法の異なる2つの企業（企業Uと企業L）を考えよう。ここでは企業の価値をVで，株式価値をSで，負債の価値をBで，収益をXで表すことにする。

V：企業の総価値
S：企業の株式の価値
B：企業の負債の価値
X：企業の収益

　2つの企業（UとL）の違いは資本構成のみで，収益は同じである。このとき企業Uは，株式のみで資金調達を行っており，借入を行っていない。一方，企業Lは株式と借入により資金調達を行っている。企業Uは，負債による資金調達がないという意味でUnlevered企業なので頭文字のUを，企業Lは，株式と負債による資金調達を行っているという意味でLevered企業なので頭文字のLを使って表現している。ちなみにLeverは"てこ"の意味である。以上のことから，2つの企業の価値は，それぞれ次のV_UとV_Lのように表される。

$$V_U = S_U$$

　上の式において，S_Uは企業Uの株式の価値である。したがって企業Uの企業価値は株式価値そのものとなる。

$$V_L = S_L + B_L$$

　上の式において，S_Lは企業Lの株式の価値であり，B_Lは企業Lの負債の価値である。したがって企業Lの企業価値は株式価値と負債価値を合計したものとなる。モジリアーニとミラーは，$V_U = V_L$であることを示すために，どちらかの価値がどちらかの価値を上回ったり下回ったりした場合，その状態が持続しないことを証明している。

　投資家は，$V_U > V_L$であると考えている場合，企業Uに投資する。他方，$V_U < V_L$であると考える場合，企業Lに投資する。

(1) $V_U > V_L$を想定する場合

 2つの投資戦略を考える。1つは借入を行っていない企業Uに投資を行う。もう1つは借入を行っている企業Lに投資を行うことである。

 まず，αの割合で企業Uの株式を購入する。このとき$\alpha<1$である。企業Uの価値は市場でS_Uと評価されているので，この投資に係る費用は，$\alpha \times S_U$となり，$\alpha \times V_U$と等しい。企業Uの収益はXであるから，この投資から得られる収益は，$\alpha \times X$となる。

 また，企業Lに投資することで，これと同じ投資収益を上げることが可能である。αの割合で企業Lの株式を購入し，αの割合で企業Lの負債も購入する。この投資に係る費用は，$\alpha \times S_L + \alpha \times B_L$であり，$\alpha \times V_L$と等しい。企業Lの収益もXであるが，負債を持っているため$r \times B_L$分の支払いが発生し，これを差し引く必要がある。ここでrは，負債の利子率である。したがって，企業の収益は，$X - rB_L$となる。そしてこの投資から得られる収益は，株式から得られる収益$\alpha \times (X - rB_L)$と負債から得られる収益$\alpha \times r \times B_L$の合計であり，$\alpha \times X$となる。

 ここで2つの投資戦略から得られる収益を比較すると，どちらもαXであることがわかる。

	投資額	収益
企業Uに投資	αV_U $(= \alpha S_U)$	αX
企業Lに投資	αV_L $(= \alpha S_L + \alpha B_L)$	αX $(= \alpha(X - rB_L) + \alpha rB_L)$

 いま，$V_U > V_L$であることを想定しているので，投資に係る費用は企業Uに投資している場合のほうが高い。$\alpha V_U > \alpha V_L$である。2つの投資から得られる収益は同じであるから，合理的な投資家であるなら，企業Uに投資しているαの割合だけ（つまり保有している株式すべて），売却することを選択する。これにより得られた資金（αV_U）を用いて，企業Lの株式と負債をそれぞれαの割合だけ購入する。この取引により$\alpha V_U - \alpha V_L$の利

第5章　企業の金融行動 | *81*

益が必ず得られる。つまり，裁定取引が行えるということである。この取引は，$\alpha(V_U - V_L)$ の利益がなくなるまで行われる。この投資家の行動により企業Uの株式が売られ価格が下落し，一方で企業Lの株式が買われ価格が上昇することになる。

(2) $V_U < V_L$ を想定する場合

今度は，$V_U < V_L$ であると想定している場合を考える。企業Lの株式を購入する戦略と企業Uの株式を購入しB_Lを利子率 r で借り入れる2つの投資戦略があるとする。

1つ目の戦略として，企業Lの株式をαの割合で購入する。このとき投資に係る費用は，$\alpha \times S_L$である。また$V_L = S_L + B_L$であるから，αS_Lは$\alpha(V_L - B_L)$である。この投資から得られる収益は，$\alpha(X - rB_L)$である。

2つ目の戦略は，企業Uの株式をαの割合で購入し，αの割合でB_Lを借り入れる。この投資と借入に係る費用は，$\alpha \times S_U$と借入である$-\alpha \times B_L$の合計，$(\alpha S_U - \alpha B_L)$である。$V_U = S_U$であるから，$(\alpha S_U - \alpha B_L)$は$(\alpha V_U - \alpha B_L)$で$\alpha(V_U - B_L)$となる。株式に投資したことから得られる収益は，$\alpha \times X$であるが，借入に対して$\alpha \times r \times B_L$だけ支払わなければならないので，$\alpha X - \alpha r B_L = \alpha(X - rB_L)$が収益の合計である。

ここで2つの投資戦略から得られる収益を比較すると，どちらも$\alpha(X - rB_L)$であることがわかる。

	投資額	収益
戦略1	$\alpha(V_L - B_L)(= \alpha S_L)$	$\alpha(X - rB_L)$
戦略2	$\alpha(V_U - B_L)(= \alpha(S_U - B_L))$	$\alpha(X - rB_L)$

いま，$V_U < V_L$ であることを想定しているので，投資に係る費用は企業Lに投資している場合のほうが高い。$\alpha(V_U - B_L) < \alpha(V_L - B_L)$である。2つの投資から得られる収益は同じであるから，合理的な投資家であるなら，

企業Lに投資しているαの割合だけ（つまり保有している株式すべて），売却することを選択する。これにより得られた資金（企業Lの株式を売却したことから得られるαS_L）を用いて，企業Uの株式をαの割合だけ購入し，αB_Lの借入を行う。この取引により，かならず$\alpha(V_L - B_L) - \alpha(V_U - B_L)$つまり$\alpha(V_L - V_U)$の利益を得ることができる。この例でも裁定取引が行えるということが示された。この取引は，$\alpha(V_L - V_U)$の利益がなくなるまで行われる。この投資家の行動により企業Lの株式が売られ価格が下落し，一方で企業Uの株式が買われ価格が上昇することになる。

上の2つの例では，裁定取引は$V_U = V_L$が実現されるまで行われ，最終的に，企業Uと企業Lの市場における価値は等しくなる。レバレッジのあるなしの違いで企業の価値は変わらないのである。以上のことから，完全な資本市場のもとでは，企業の資本構成や資金調達方法の違いが企業の価値に影響を与えないことが証明された。

(3) 法人税を考慮した場合

これまで完全な資本市場を仮定しているために法人税を無視して議論してきた。しかし現実には存在する税であるため，法人税を考慮してもう一度MMの理論を考える。

法人税を考慮した場合，これまでの議論の何がかわるのか？法人税は負債の支払利子を差し引いた後の営業利益に課されるものであり，負債の支払利子は課税対象とはならない。ということは，負債により資金調達を行うことで，負債の支払利子分だけ法人税を節約することが可能となる。

先ほどと同様に，株式によりすべての資金を調達している企業Uと一部を負債により資金調達している企業Lを考える。さらにここで法人税率をτとする。ただしτは，$0 < \tau < 1$を満たす。

投資家が企業Uの株式をαの割合だけ購入する場合，これに係る費用は，αV_Uであり，この投資から得られる収益は，αXから$\tau \alpha X$を引いた$\alpha(1-\tau)$

Xとなる。

　一方，企業Lの株式をαの割合だけ購入し，負債を$\alpha(1-\tau)$の割合で購入する投資を考える。この場合に係る費用は，株式を購入するための$\alpha(V_L - B_L)$と負債の購入に係る$\alpha(1-\tau)B_L$を合計したものである。結局，$\alpha(V_L - \tau B_L)$の費用がかかる。この投資から得られる収益は，株式から得られる$\alpha(1-\tau)(X-rB_L)$と負債から得られる$\alpha(1-\tau)rB_L$の合計となる。したがって合計された収益は，$\alpha(1-\tau)(X-rB_L)+\alpha(1-\tau)rB_L$となり，$\alpha(1-\tau)X$となる。

　このことから，上の2つの投資方法を採用しても同じ収益となることがしめされた。またそれぞれの投資に係った費用を考えると，αV_Uと$\alpha(V_L - \tau B_L)$であり，法人税を考慮すると，レバレッジありの企業とレバレッジなしの企業の価値の関係は，$V_L = V_U + \tau B_L$となる。企業Lの価値は企業Uの価値よりτB_Lだけ高くなる。つまり，負債の利払い額が控除されるため負債を増やすことによって，節税効果により企業価値が高められるということになる。

(4) 倒産を考慮した場合

　法人税を考慮した場合，基本構成は企業の価値に影響を与えることが示された。法人税が存在する場合には，負債比率を高めることにより，つまりレバレッジを高くすることで，企業価値が高まることになる。しかし，負債による資金調達にのみ頼ることのコストを考える必要がある。

　レバレッジを高くすることは負債の返済額を高くすることでもある。理論的には負債による調達を100％にすることで最適な資本構成が達成される。しかし，負債の比率を高めることで倒産にともなうコストの増大により企業価値が損なわれる可能性がある。

　倒産コストを考えてみよう。借手が倒産すると，企業の清算に係る費用などの直接的なコストと社会的な信用を失うなどの間接的なコストを負担

しなければならない。負債比率が高くなることは倒産するかもしれない期待を高めることにつながり，これから発生するであろう倒産コストを増加させる。負債比率の増加は企業価値を損なうことになる。

　以上より，法人税や倒産コストを考慮しない場合には最適な資本構成は存在しないことが示されていたが，それらを考慮すると，資本構成の違いにより企業価値が変化することが証明された。法人税は企業価値にプラスの効果をもたらし，倒産コストは企業価値にマイナスの効果をもたらす。MMの命題は修正される。

第6章

金融政策

> 本章では，金融政策について説明する。金融政策の担い手である日本銀行と政策手段について説明する。

1 中央銀行

① 日本銀行の役割

　日本の中央銀行である日本銀行の役割には，銀行券の発行，通貨および金融の調節，信用秩序の維持がある。これらは改正日本銀行法の中で明確にされている。このような役割から発券銀行，銀行の銀行，政府の銀行とよばれることもある。さらに日本銀行は金融政策の担い手でもあり，**公定歩合**操作，預金準備率操作，公開市場操作等の政策を行っている。ここでは金融政策はマクロ金融政策を指す。マクロ金融政策とは日本銀行が政策を実施することによってマクロ経済活動に働きかけることである。

　通常，経済政策の目標としては，物価水準の安定，**完全雇用**の達成，経済成長，**国際収支**の均衡（為替相場安定）などが考えられる。いずれの政策目標も重視すべきものであるが，すべての目標を同時に達成することはできない。たとえば，**インフレ**率と失業率には負の相関があることがわかっている。**スタグフレーション**が起こった状況では，景気刺激策を実施するとインフレを悪化させ，逆にインフレ抑制策をとると不況が一層深刻化してしまう。なお，スタグフレーションとはインフレと不況が同時に発生している状況をさす。

　このように政策目標間にトレードオフの関係が存在しており，同時にいくつもの目標を達成するような政策をとることは不可能に近い。マクロ金融政策では，物価の安定（通貨価値の安定）が主たる目標とされる。物価の安定を損なわない範囲で総需要を刺激するというスタンスが一般的である。

② 金融政策運営主体としての日本銀行

　ここでは，先にあげた日本銀行の3つの機能について考える。日本で紙幣（日本銀行券）を発行できるのは日本銀行のみであり，取引相手は銀行と政府である。銀行に対しては"最後の貸し手"となり，政府に対しては資金調達を行っている。

3つの基本的な機能
- 発券銀行
- 銀行の銀行
- 政府の銀行

①発券銀行

　発券銀行とは，紙幣を発行する銀行のことである。1万円札，5千円札，1千円札などの紙幣（日本銀行券）を発行している。2000年には2千円札も発行された。

②銀行の銀行

　銀行の銀行とは，民間銀行に対して決済サービスを提供する銀行のことである。民間銀行は，日本銀行に当座勘定（日本銀行当座預金）を持ち，その勘定をとおして銀行間の決済を行っている。

③政府の銀行

　国の出納業務（税金の納付，年金の支払いなど）を取り扱う銀行のことである。政府の指示にもとづいて，日本銀行は外国為替市場への介入も行っている。2010年9月14日，15日に政府による為替介入が行われた。これは6年ぶりのことであった。

③ 日本銀行の独立性

改正日本銀行法では，政府からの独立性の確保と透明性の向上が目標とされた。金融政策に関する最高意思決定機関として位置づけられ，その政策委員会は，日銀総裁，副総裁2名，審議委員6名の合計9名で構成される。総裁や副総裁の任命には国会の同意が必要とされ，政府が総裁や副総裁を罷免することができなくなり，政府からの独立性は高められた。透明性に関しては，政策委員会の議事録が公開され，また国会で業務状況を報告する義務が課せられている。

2 IS-LMモデル

マクロ経済学において短期とは，物価が調整されないほどの短い時間を意味する。つまり，金融市場でいわれるような1年以内といった具体的な期間を示しているわけではない。ここでは**物価の硬直性**を仮定しており，物価は短期間でそれほど伸縮的には変化しないとする。物価が変動しない期間における金融政策の効果を考えることは，現実の政策運営を理解する上で重要である。

IS-LMモデルは，物価が一定であるという前提のもとで，財市場の均衡を示すIS曲線と金融市場の均衡を示すLM曲線とで構成され，IS曲線とLM曲線の交点で均衡所得と均衡金利が決定される。これから使用するモデルの中で以下の記号を使用する。

- $S(Y) = I(r)$ ……IS曲線・Sは貯蓄を示し，所得Yの関数である。Iは投資を表し，金利rの関数である。
- $M = L(Y, r)$ ……LM曲線・Mは貨幣量の残高で，中央銀行の政策変数である。$L(\cdot)$は貨幣需要関数を表す。

① ケインジアン交差図

　短期においては，経済の総所得は主として家計・企業・政府の望む支出によって決定されるとケインズはいっている。より多くの人々が支出を望むと，企業はより多くの財・サービスを販売できることになる。企業の販売量が増えると，より多くの生産物を生産しより多くの労働者を雇うことが可能になる。したがって，ケインズによれば，景気後退期や不況期の問題は支出が不十分になることが原因である。これについて考えてみよう。

　まず計画支出と現実支出を区別する。現実支出とは，家計・企業・政府が財・サービスに支出する額であり，経済の国内総生産(GDP)に等しい。計画支出とは，家計・企業・政府が財・サービスに支出したいと思う額のことである。現実支出と計画支出は同額であるはずだが，企業の売り上げがその期待と一致しない場合に在庫が発生し，現実支出と計画支出に差が生まれる。

　では次のモデルを使って考えよう。

　　$E = C + I + G$

ただし各変数は以下のそれぞれを表している．

　　E：計画支出，
　　C：消費，
　　I：計画投資，
　　G：政府購入

　さらにこれに，消費関数 $C = c(Y - T)$ を加える。このTは租税を表していて，$Y - T$ は可処分所得を表している。これをまとめると，

　　$E = c(Y - T) + I(r) + G$

　計画支出は所得Y，計画投資I，財政政策の変数GおよびTの関数であ

ることを示している。この計画支出関数はケインジアン交差図の１つの構成要素である。第２の構成要素は，現実支出が計画支出と等しいとき，経済は均衡しているという仮定である。つまり，Yで表されているGDPは総所得に等しいだけではなく，財・サービスに対する現実の総支出にも等しい。したがって次のように表される。

Y（実現支出）＝E（計画支出）

これを図に描くと図6-1のようになる。

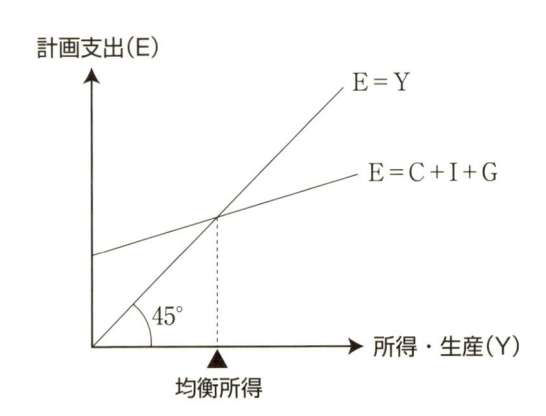

図6-1 ケインジアンの交差図

この図の45度線はY＝Eを満たす点を結んだものであり，この図に計画支出関数を加えたものがケインジアンの交差図である。経済の均衡は計画支出関数が45度線と交わる点で決まる。

② IS曲線

財市場の均衡を示すIS曲線を考える。財市場の需給関係は，Yが消費Cや投資Ｉのために利用されることから，

$$Y = C + I + G$$

となる。ただし，$C = c(Y-T)$ は消費関数，T は租税を表しており，$Y-T$ は可処分所得である。$I = I(r)$ は，投資が利子率の関数であることを意味しており，投資は利子率に依存する。消費関数と投資関数を上の式に代入すると次式がえられる。

$$Y = c(Y-T) + I(r) + G$$

ここで C と G を右辺から左辺に移項すると，以下のようになる。

$$Y - c(Y-T) - G = I(r)$$

$Y-C-G$ は所得から消費と政府支出を引いたもので，貯蓄 S に等しくなる。したがって，財市場の均衡条件と $S=I$ は同じことを意味している。所得が増えると貯蓄は増え，金利が上がれば投資は減少する，これらを前提にすると，金利・所得の関係において，IS曲線は右下がりになる。

図6-2の①〜④の動きを説明すると次のようになる。
①利子率が r_1 から r_2 へ上昇すると，
②計画投資が減少する，
③したがって計画支出が下方にシフトする，
④45度線上の交点は左下へ移り，所得が Y_1 から Y_2 へ減少する。

IS曲線は財市場の均衡と整合的な利子率と所得水準の組み合わせを示す。つまりIS曲線は財市場の動きを要約している。利子率が上昇すると所得水準は低下する。

③ LM曲線

LM曲線は，貨幣市場での需給均衡を表している。ここで，貨幣の供給

図6-2 IS曲線の導出

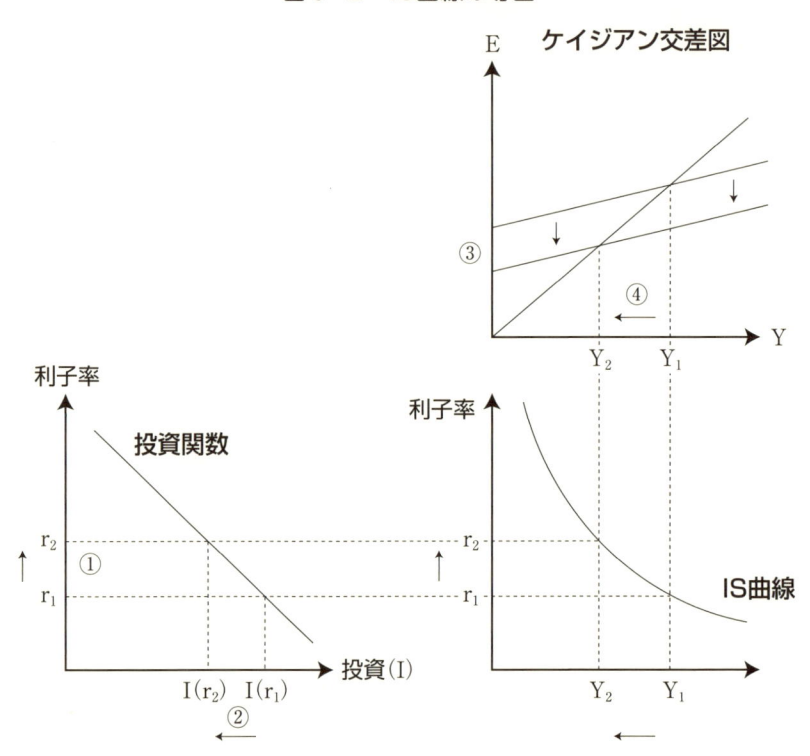

量(マネーストック)は,中央銀行がコントロールできるものであると仮定する。貨幣需要は,所得が増えれば増大し,金利が上昇すれば(金利のつく証券の保有に比べて不利になるので)減少すると考えられる。金利・所得の関係でみると,LM曲線は右上がりになる。これを流動性選好(貨幣需要)理論を用いて,もう少し詳しく考えてみよう。

(1) 貨幣の供給

マネーストックをM,物価水準をPで表すと$(M/P)^s$は貨幣の供給を表す。ここでは,貨幣の供給が一定であると仮定する。それが次の式である。

$$\left(\frac{M}{P}\right)^s = \frac{\overline{M}}{P}$$

Mは中央銀行によりコントロールされる外生変数であり，Pは短期間では変動しない変数である。

(2) 貨幣の需要

次に貨幣の需要を考えよう。ここでは，利子率は人々がどれだけ貨幣を保有しようとするかを決定する1つの要因であると仮定する。その理由は，利子率が貨幣を保有することの機会費用だからである。つまり，利子や利息のつく銀行預金や債券ではなく，利子や利息のつかない貨幣を保有することで，利子や利息を得られる機会を捨てていることになる。利子率が上昇すると，人々は自分の持っている富の中で貨幣の形で保有する割合を少なくしようとする。したがって，貨幣の需要量$(M/P)^d$は次のようになる。

$$(M/P)^d = L(r)$$

ここで$L(r)$は，貨幣の需要量が利子率に依存していることを意味する。利子率は貨幣を保有することのコストであるので，利子率が上昇すると貨幣の需要量は減少し需要曲線は右下がりとなる（**図6-3**）。

利子率は貨幣の需給が均衡するように調整され，均衡利子率では貨幣の需要量と供給量は等しくなる（**図6-4**）。

M／Pの需要と供給は利子率を決定する。均衡利子率においてM／Pの需要量は供給量に等しい。この考え方を用いてLM曲線を導出する。所得水準Yの変化は貨幣市場にどのような影響を与えるのだろうか。所得が高い時，支出する割合は変わらなくてもその総額は増加するであろう。人々は貨幣を使用する取引をより多く行う。つまり，所得が増加すると貨幣需要も増加することになる。そこで貨幣需要関数は次のように書くことがで

図6-3 貨幣需要関数

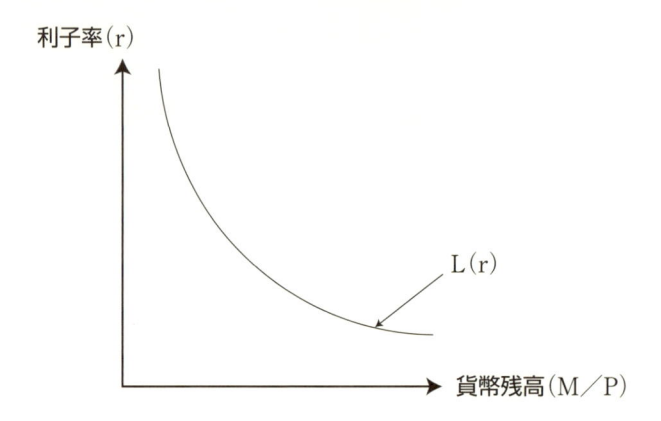

図6-4 貨幣需要と貨幣供給

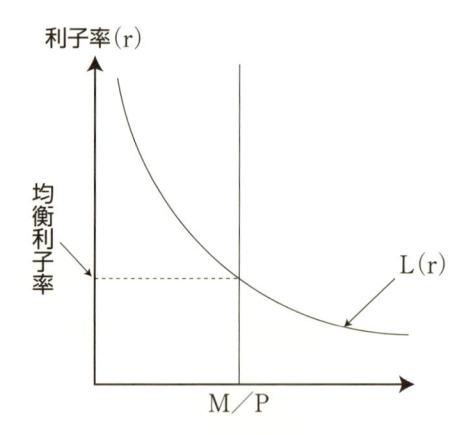

きる。

$$(M/P)^d = L(r, Y)$$

貨幣の需要量は利子率に対して負の関係，所得に関して正の関係を持っている。所得が増加することで，貨幣重要が高まり貨幣需要曲線を右にシフトさせる。このとき，貨幣残高の供給が不変であるなら，貨幣市場が均

衡するためには利子率は上昇しなければならない。したがって，所得の増加は利子率の上昇をもたらすことになる。LM曲線は所得水準と利子率との関係をグラフに描いたものである。所得水準が高ければ高いほど，貨幣の需要は多くなり，したがって均衡利子率も高くなる。

図6-5の①〜③の動きは以下のように説明される。
①所得が増加すると貨幣需要は増加する，
②貨幣の需給が均衡するためには利子率は上昇しなければならない，
③つまり所得水準が上昇すると金利も上昇している。

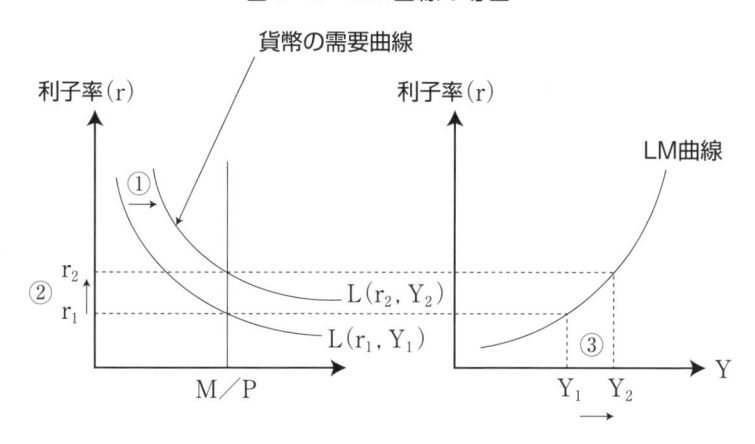

図6-5　LM曲線の導出

(3) IS-LMモデルによる経済の均衡

以上でIS-LMモデルに必要な要素がそろった。

$$Y = C(Y - T) + I(r) + G : \text{IS曲線}$$
$$M / P = L(r, Y) \qquad : \text{LM曲線}$$

このモデルでは財政政策変数GとT，金融政策変数M，そして物価水準Pは外生的に決まっているとしている。これらの変数が所与であれば，IS曲線は，財市場を表す方程式を満たすrとYの組み合わせを，LM曲線は，貨幣市場を表す方程式を満たすrとYの組み合わせを与えることになる。経済の均衡は，**図6-6**で示されるように，IS曲線とLM曲線が交わる点で実現される。この点において，財市場と貨幣市場の両方の均衡条件を満たす利子率(r)と所得水準(Y)が求められることになる。

図6-6　IS-LMモデルの均衡

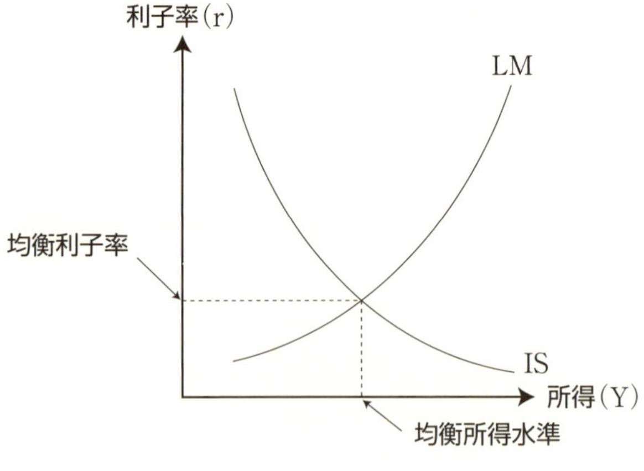

3 金融政策の方法

① マクロ金融政策の政策手段

マクロ金融政策の主な手段は，次の3つである。公定歩合操作，預金準備率操作，公開市場操作。ただし，公定歩合操作と預金準備率操作は，現在，主な政策手段ではない。

(1) 公定歩合操作

公定歩合とは，日本銀行が民間銀行に貸出を行うときの基準金利である。中央銀行が取引先金融機関に対して，手形割引や手形貸付の形式で信用を供与するさいに適用する金利のことを公定歩合とよんでいた（2006年8月「基準割引率および基準貸付利率」に名称を変更）。この公定歩合を操作することでマネーストックを調整することができる。

公定歩合の引き上げは，中央銀行からの借入金利が上昇することなので，民間銀行の資金コストが上昇する。そのため民間銀行は貸出金利を引き上げる必要に迫られる。金利の引き上げにより，負債で資金調達を行おうと考えていた企業は，資金コストが上昇するために新たな資金調達を見直す。結果的に企業の投資計画が取りやめになり，経済全体の活動水準が抑制される。これに対して，公定歩合を引き下げると経済活動を刺激することになる。

また，公定歩合の上げ下げは，中央銀行の政策スタンスを市場に伝達する効果をもっている。たとえば公定歩合の引き上げは，日本銀行がインフレを懸念していることを市場に伝える効果があるとされる。公定歩合政策は市場参加者の予想に働きかけて，市場金利に影響を及ぼす可能性がある。これをアナウンスメント効果という。

(2) 預金準備操作

　日本の金融機関は，その負債の一定割合を日本銀行に無利息で預金しなければならない。これは準備預金制度が採用されているためである。預金準備操作とは，その預金準備を操作する金融政策のことである。

　預金準備率が引き上げられると，銀行は準備不足になり，貸出を回収し貸出を抑制して，準備を積み増す必要性に迫られる。中央銀行への預金準備には金利が付与されていない。当座預金には利息がつかず，どんなに巨額の預金を行っても利益はゼロである。そのため預金準備率が引き上げられると，残された実際に運用に使える資金をより高い金利で運用する必要に迫られる。一方，預金準備率が引き下げられると，銀行の貸出資金が増加することになり，金融緩和効果が期待される。

(3) 公開市場操作

　現在，金融政策の主要政策手段であると考えられているのが公開市場操作である。公開市場操作とは，中央銀行が，金融市場において国債などの債券や手形の売買を行うことで，市場の資金需給に影響を与える政策手段である。公開市場（オープンマーケット）における操作であるが，インターバンク市場（銀行間市場）が政策発動の中心的な場となっている。ただし，現在は売買の対象を拡大させている。具体的な操作として資金供給のためのオペレーションと資金吸収のためのオペレーションがある。

●資金供給のためのオペレーション

　買いオペレーション（買いオペ）とよばれているもので，中央銀行が債券を買い入れる。その分，市場に資金が供給され，金利が低下する。

●資金吸収のためのオペレーション

　売りオペレーション（売りオペ）とよばれているもので，中央銀行が債

券を売却し，その売り上げ代金を市場から吸収する。金利上昇の圧力が市場にかかることになる。

このように，売り・買いというのは日本銀行の立場からの呼び方である。
　付論⑨（☞102頁）において，IS-LMモデルを用いた金融政策効果の分析，金融政策の波及経路，金融政策の諸問題，中間目標の設定，インフレ・ターゲットについて説明する。

付論 9

IS-LMモデルを用いた金融政策の分析

(1) 完全雇用

次の図6-7では，IS曲線とLM₀曲線の交点であるA点で，財市場と金融市場の均衡が同時に実現されている。しかし，このA点では，完全雇用が実現しているとは限らない。実際の所得水準が完全雇用のもとで得られる所得水準とかい離している可能性がある。ここで完全雇用とは，一般に非自発的労働者がゼロの状態をいい，働きたい人すべてが働いている状態のことを指す。働く意思と能力を持っている労働者が，その時の実質賃金率で，すべて雇用されている状態である。自らの意思で就業しない自発的失業者や，労働の需給の時間的なずれによる一時的失業者は除く。ケインズは，公共事業などの国家投資で完全雇用を実現できると主張している。完全雇用均衡といった場合，経済全体の貯蓄と投資の均衡によって定まる経済活動の水準が，完全雇用の水準を越えていることを指す。図6-8に

図6-7　完全雇用-1

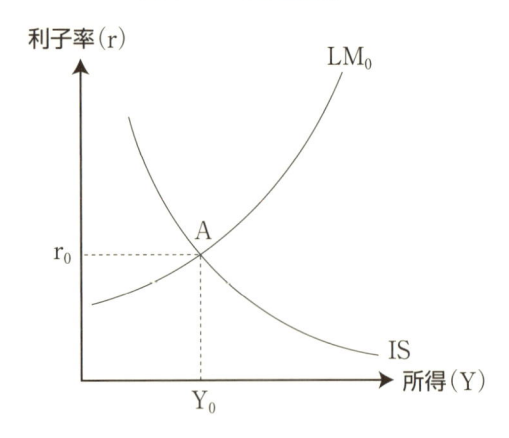

図6-8 完全雇用-2

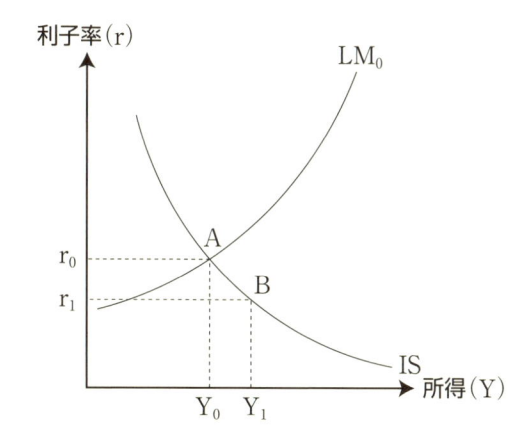

あるように，完全雇用の所得水準がY_0ではなくY_1だとする。

 図6-8においてY_1とY_0の差が失業を表している。ここで金融政策を実施し，その効果を考える。つまり，マネーストックMを変化させると，IS曲線とLM曲線は，それぞれどのように変化するのかを考える。財市場を表す$Y=C(Y-T)+I(r)+G$にMは含まれていないので，Mを変化させてもIS曲線はシフトしない。これに対して，貨幣市場を表す$M/P=L(r, Y)$にはMが含まれている。つまり金融政策により，Mを変化させることで，LM曲線がシフトする。

 マネーストックを増加させたとする。この場合，LM曲線は，下の図6-9のように右下に（LM_0からLM_1へ）シフトすることになる。

 マネーストックが増加すると貨幣市場の均衡を保つために，それに見合うだけ貨幣需要が増加しなければならない。同じ所得に対して，より低い金利が対応していなければならない。以上から，マネーストックの増加により，経済はAという均衡からBという新しい均衡へ移る。この移行により，金利が低下し，所得が増加することで失業が解消されることになる。

 マネーストックを増加させる金融政策は景気刺激的にはたらく。マネー

図6-9　完全雇用-3

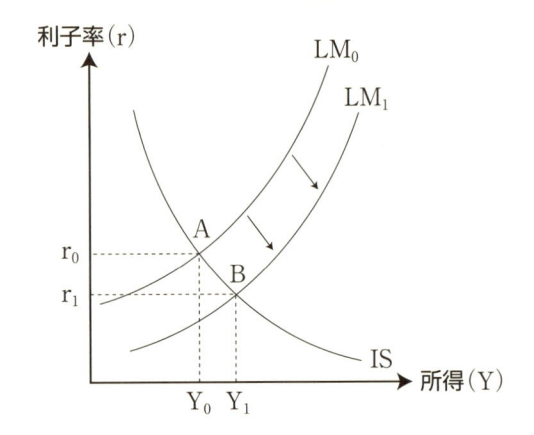

ストックを減少させれば，景気引き締め的にはたらく。

(2) 金融緩和政策の効果が小さい例

　金融政策の効果は，IS曲線の傾きに依存している。たとえば，IS曲線が垂直に近い場合，金融政策の（所得に与える）効果は小さい。また，金利がすでに低い水準にあり，マネーストックを増やしても，LM曲線がほとんどシフトしないという状況でも金融効果は小さくなる。このマネーストックを増加させてもLM曲線がシフトしない状況を流動性のわなという。

(3) 流動性のわな

　流動性のわなとは，ケインズが主著『雇用・利子および貨幣の一般理論』の中で指摘したものであり，金利が極めて低い水準にある場合に，それ以上通貨供給量をいくら増やしても金利水準を下げることはできず，設備投資に刺激を与えるような金融政策は無力化するというものである。

付論 10　金融政策の波及経路

(1) 実物経済への効果波及のメカニズム

マクロ経済政策は，マネタリーベースを操作して経済活動に影響を与えることであると説明した。マネタリーベースを操作し，その変化がマネーストックを変化させ，その変化が経済活動に影響を与えている。しかし，その効果がどのようなルートを経て最終目標にまで波及しているか（波及メカニズムもしくはトランスミッション・メカニズム）については完全に明らかになってはいない。では，いくつかを紹介する。

(2) 波及メカニズム

効果の波及メカニズムとして，以下の経路が指摘されている。
・ケインズ効果（金利を通した経路）
・資産効果（金利を通した経路）
・アベイラビリティ効果（銀行貸出を通した経路）

● ケインズ効果

インターバンク市場の金利が低下することで，企業の投資を活発化させる。一方，インターバンク市場の金利が上昇することで，投資は抑制される。この金利を通した総需要に与える効果をケインズ効果という。

● 資産効果

金利の低下は，株式や債券などの金融資産の価格や不動産価格などを一般に引き上げる。資産価値が増大した企業や家計は投資や消費を拡大すると考えられる。これを資産効果という。一方，金利が上昇することで金融

資産価格等が下落し，資産価値が減少する。資産価値が減少した企業や家計は投資や消費を縮小すると考えられる。これを逆資産効果という。

●アベイラビリティ効果
　金融引締めが実施されることにより銀行貸出量が抑制され，資金調達コストが上昇することで，銀行借入に頼る企業は投資を抑制せざるをえなくなる。これを信用の利用可能性に影響を及ぼすものとして，アベイラビリティ効果という。

付論 11 金融政策の諸問題

　金融政策は引締め政策としては有効だが，景気刺激政策としての有効性は小さいといわれる。これを政策効果の非対称性という。つまり，金利が上がると，企業の資金繰りに直接影響するので，企業の投資を削減するには効果がある。しかし，企業の投資マインドや消費者の投資マインドが高まらなければ金利が下がっても投資の増加にはつながらない。日本においてゼロ金利政策が実施されたにも関わらず，企業投資の盛り上がりに欠けたのはこのためだといわれる。

　また，金融政策のタイムラグについても問題にされる。実際にはすでに政策がとられるべきであるがその政策の必要性を認知するまでに時間ラグが存在する。これを認知ラグという。さらに政策の必要性を認識し政策を決定し，それを実行するまでの時間ラグが存在する。これを政策決定ラグという。最後に実行された政策の効果が表れるまでに時間ラグが存在するのである。これを効果ラグや実施ラグという。つまり政策を決定した当初の最終目標に効果が到達するまでに時間がかかり，経済状況が変化し到達するころにはまったく意図していない効果をもたらす可能性があるということである。

　そこでフリードマンは，名目貨幣供給量の成長率を一定（k％）に保つというk％ルールに基づいて金融政策を運営することで，金融政策に起因する経済の不安定性を除去できると主張した。

　これは，金融政策をあらかじめ定めたルールに基づいて実施するのが望ましいのか，あるいは中央銀行が経済情勢にあわせて裁量的に政策を実施するのが望ましいのかという「ルール」対「裁量」の問題である。ルールに基づいて政策を実施することに多くの支持があるが，実際には裁量的な

政策が放棄されているわけではない。経済の構造的な変動が大きく，マネーストックの成長率を固定しても経済が安定するとは期待できないためである。

付論 12 中間目標の設定

　金融政策当局は，政策により最終目標（物価の安定）を直接達成することはできない。政策当局が直接，操作目標にできるのは，銀行間金利，マネタリーベース（ベースマネー），預金準備でしかない。この操作目標と最終目標との間には，時間的に大きな隔たり（タイムラグ）があることを上で述べた。さらに，その関係は常に一定ではなく不安定であると考えられる。そこで，操作目標と最終目標を媒介する金融変数を中間目標として設定しそれを達成しようと考えた。操作目標と中間目標，中間目標と最終目標という2段階を経て政策を行う，これが中間目標を政策実施の指標とする2段階アプローチ（3段階アプローチということもある）という考え方である。これにより，政策の最終的な効果が明らかになる前に，これまで政策が正しいのか否かを知り，必要があれば調整を行うことが可能である。

金融政策の2段階アプローチ						
		運営目標				
政策手段	⇒	操作目標	⇒	中間目標	⇒	最終目標
貸出金利 公開市場操作 準備操作		銀行準備 マネタリーベース 市場間金利		マネーストック 市中貸出増加額 長期金利		物価の安定 完全雇用 為替レートの安定

マネーストックの位置づけ

　具体的な中間目標として，マネーストックと金利のどちらが適切であるかが議論された。インフレが問題となり先進国の中間目標は，金利からマネーストックにかわっている。市場で観察できる金利は実質金利ではなく

名目金利であり，名目金利は実質金利とインフレ予想の合計であり，市場金利に基づく政策判断が誤ったものになる恐れがある。たとえば，市場金利が1％から3％に上昇したとする。これに対して金利が上がったので，金利を下げる金融緩和政策が必要であると考える。しかし，インフレ予測が膨らんで名目金利が上昇しているのであれば，金融緩和政策を行うことでインフレをますます促進させてしまうのである。インフレ予想が完全でない限り，金融の状況を金利水準から判断することは難しいことがわかる。

　日本銀行は，1978年以降マネーストックの見通しを公表し，マネーストック重視の政策スタンスをとるようになった。しかし，最近，中間目標としてのマネーストックの位置づけに変化がみられる。マネーストックと経済活動にそれほど安定的な関係がみられなくなったのである。そこでマネーストックを一定の伸び率にコントロールするという政策方法から，インフレ率について目標レンジを設定するインフレーション・ターゲット（インフレ・ターゲット）へと移行している国もある。最近では，マネーストックを中間目標にするのではなく，有力な情報変数の1つとして位置づけることが多い。

付論 13 インフレ・ターゲット

　インフレ・ターゲットは，採用する国により異なるが，それらの共通点を上げると，金融政策の目標とすべき物価指標を定め，その上昇率の目標値（ターゲット）を明確にし，それを達成するように政策を実施するものであるといえる。インフレ・ターゲットという名称からわかるように，ターゲットとしてゼロ％ではなく，数％のインフレを設定する。目標値に幅は持たすこともある。そして，その目標値を達成できなかった場合には，中央銀行が責任をとることも定めておく。たとえば総裁の罷免などである。中央銀行が目標とするインフレ率を明確にし，金融政策を実施するわけだが，目標未達成時のペナルティについて定められていない枠組みをインフレ参照値政策ということがある。

　インフレ・ターゲットには次のようなメリットあると考えられる。インフレ・ターゲット政策により政策当局の透明性を高め，説明責任を明らかにし，国民の信任を得ることができれば，政策効果高めることができる。つまり期待インフレ率が安定する。このように政策当局が政策目標を明らかにしその目標に対して政策を実施することをコミットし，国民の信頼を得ることで政策効果を高めることをコミットメント政策とよぶことがある。

第7章

株式と債券

　この章では，証券について説明する。まず証券と証券業にふれたあと，証券の代表である株式と債券を取り上げる。第3節では証券流通市場を説明する。

1 証券と証券業

① 証券

　証券は不特定多数の投資家から資金を集める手段であり，自由に転売できるのが特徴である。証券市場は発行市場と流通市場に分けられる。発行市場は物理的に目にみえる市場ではないが，証券の発行がなされ投資家がそれを取得する。流通市場は証券取引所がその代表で，そこではいったん発行された証券が売買され転々と流通していく。

② 証券業

　証券業（証券会社）の役割は，発行市場で引受（アンダーライティング）と販売（セリング）を行う。引受は販売するために証券を発行者から取得することである。流通市場での役割は委託売買（ブローカレッジ）業務と自己売買（ディーリング）業務である。投資家の委託を受けて証券の売買を仲介するのが委託売買であり，この場合には損失あるいは利益は投資家のものになって証券会社は手数料を受け取るだけである。自己売買は自己の勘定で証券の売買を行うことであり，発生する損失あるいは利益はすべて証券会社のものとなる。

③ 株式と債券の比較

　株式は出資，つまり資金を出したことを表わす証券である。株式はひとたび発行されると発行者である企業が倒産しない限り永久に流通して売買される。株主は出資分だけの責任を持てばよく，これを有限責任制度とよぶ。

　債券は資金の貸し借りを表す証券であって政府や企業などが資金を調達

（借入）する際に発行される。これは借入を示す借用証書と同じであるが，これを転々と売買できるようにしたものである。債券は株式とは異なり満期（返済期限）を持ち，満期日には元本，つまり額面を返す（償還する）ことを約束している。したがって満期日には価格は元本に等しくなるが，途中では価格は元本に等しいとはかぎらない。満期日に元本を返し，また途中では発行前に予め決められた大きさの利子を支払うので，債券は確定利付き証券といわれる。なお，このような固定利付きのほかに少数の例外として**個人向け国債**のように変動利付きの債券も存在する。

2 株式と債券

① 株主の権利

株主にはさまざまな権利が与えられる。企業が利益を得ると株主は配当を受け取ることができる（利益配当請求権）。配当は企業の業績次第で変動しゼロになること（無配）もある。企業が解散する際に株主は残余財産の分配を請求できる（残余財産分配請求権）。また，株主は株主総会での議決権を持ち経営に参加することができる（経営参加権）。わが国では，これまで安定的な経営を進めるために企業どうしあるいは企業と銀行など金融機関が互いに相手の株式を保有しあう株式持合を行ってきた。（☞**第3章第1節**）

② 株式の種類

普通株が最も基本的な株式であり，これよりも優先的に利益の配当や企業の解散の際などに残余財産の分配がなされるのが優先株である。配当などが普通株よりもあとに行われるのが劣後株である。

③ 株式の評価尺度

これにはいろいろな尺度があるが，代表的なものとして配当利回りと株価収益率があげられる。配当利回りは1株当たり配当を株価で割ったものである。1960年代に株価の上昇が続いて配当利回りは預金金利より低くなったが，これを「利回り革命」とよんだ。また，株価収益率（PER）は株価を1株当り利益で割ったものである。株価収益率が低い銘柄ほど株価は割安である。

④ 株価指標

わが国の代表的な株価指標としては日経225とTOPIX（東証株価指数）があげられる。前者は東京証券取引所（東証）の第1部に上場されている銘柄のうちから225銘柄を選びその株価平均に基づいて作成される指標である。銘柄の選択と入れ替えには不連続性などの問題が生じることがある。TOPIXは東証第1部に上場されている全銘柄の時価（＝株価×株数）の総額を指数化したものであり，全銘柄で構成されるので入れ替えによる問題はない。

⑤ 債券の種類

債券にはさまざまな種類がある。まず利子が付けられるか否かで利付（りつき）債と割引債に分けられる。わが国の債券を発行主体により分類すると以下のようになる。

(1) 国債

中央政府の発行する債券で利付債と割引債がある。利付債は満期までの期間が長い順に超長期債（15，20，30，40年），長期債（6，10年），中期債（2，5年）に分けられる。また，割引債には短期国債（TB：Treasury Bill）と政府短期証券（FB：Financing Bill）があり，TBとFBを一括して

国庫短期証券とよんでいる。(☞**第2章第1節参照**)

戦後は1965年度に長期国債の発行が再開され，その後，1977年から中期国債，1983年から超長期国債，1986年から短期国債が順次発行されて多様化が進んでいる。

(2) 地方債

地方公共団体が発行する債券である。関係する金融機関などが購入する縁故地方債の多いことが特徴である。

(3) 金融債と政府保証債

金融債は旧長期信用銀行など特定の金融機関が発行する債券である。また公団，公庫などが発行する債券を政府関係機関債とよび，そのうち政府が元本返済と利子の支払いを保証しているものを**政府保証債**という。

(4) 社債（事業債）

企業が発行する債券で，一般的な普通社債のほかに転換社債，新株引受権付社債がある。転換社債（CB）は株式に転換できる債券，ワラント債（WB）は株式を購入する権利が付いた債券である。

(5) 外国債

外国の政府や企業が発行する債券のうち円建てで発行される（つまり，利子の支払いと元本の償還が円で行われる）のがサムライ債，外貨建てで発行されるのがショウグン債である。

⑥ 国債の発行方法

国債の発行には引受方式，公募入札方式の2通りがあった。引受方式とは，複数の金融機関に引受シンジケート（「シ団」）を組成させ，発行され

た額を一般の投資家に売りさばき，売れ残った分を予め決められたシェア（固定シェア）でシ団に配分するやり方である。公募入札方式は価格あるいは**利回り**の競争入札を行って発行する。引受シ団方式は65年度の長期国債の発行開始以来，発行方式の中心となっていたが，金融自由化にともない次第に公募入札方式にシフトしていき，長期国債のシ団引受は2006年に終了した。これですべての国債がシ団引受ではなくなった。

⑦ 債券発行市場の動向

　国債の大量発行が始まった75年度以降，債券発行は急速に拡大した。90年代以降税収が増えない中で，景気対策等による財政支出増大にともなって赤字国債が急増して2009年度の国債発行総額は約158兆円（財投債14兆円を含む）となった。このうち新規発行が53兆円，借り換え発行が91兆円である。09年度末で普通国債の残高は594兆円，国債・借入金・政府短期証券を合わせた国の債務残高は883兆円に達した。

　また近年は大量に発行される国債を売りさばくために商品・期間の多様化が図られており，変動利付で**非市場性**の個人向け国債や**物価連動国債**も発行されている。

⑧ 債券の利回り

　利回りとは一定期間に得る収益と投資の元本との割合である。満期までの利回りを最終利回りとよび，単利と複利がある。債券を保有しているときに得られる収益には各期（日本国債は半年ごと）の利子（クーポン）と，購入価格と売却価格との差（値上がり益または値下がり損）がある。なお満期まで保有すると額面価格で償還される。

　単利では，値上がり益または値下がり損を均等に分けるためにこれらを満期までの期間（残存期間という）の数で割り，それに利子を加えて1期当たりの収益を計算し，さらにそれを購入価格で割り算して1期当たりの

利回りを求める。

$$最終利回り = \frac{1期当たりの利子 + \dfrac{償還価格 - 購入価格}{残存期数}}{購入価格}$$

将来の収益の現在における価値（現在価値または**割引現在価値**という。☞**第5章**参照）を求めるには一定の割引率で割り引くことが必要である。**複利の最終利回り**は，将来得られる全部の収益の現在価値を合計し，これが投資元本と等しくなるような割引率である。したがって，価格が決まれば利回りも直ちに計算できる。また，価格（購入価格）が上がれば上記の最終利回りの式の分子は小さくなり分母を大きくなって分数全体は小さくなる。つまり，価格と利回りは逆方向に動く。

わが国では古くから単利が使われていたが近年，複利が広く用いられるようになっている。日本証券業協会が発表している「公社債店頭基準気配」は，1997年4月からそれまでの単利に代わり複利（半年複利）を採用した。

3 証券流通市場

① 取引所取引と店頭取引

投資家は証券会社などをとおして証券の売買をする。証券会社は，証券会社どうしで電話を使って**相対**（あいたい）で売り買いする（店頭取引），もしくは取引所に注文を取り次ぐ（取引所取引），のいずれかの方法をとる。わが国では株式取引はほとんどが取引所に集中しているが，債券は大部分が店頭取引である。これは債券の銘柄数が非常に多く取引所では物理的に処理できないことなどによる。

証券取引所は大量の買いと売りをまとめて取引を成立させ，公正に価格を形成してそれを公告するという機能を持つ。現在わが国には東京，大阪，

名古屋，札幌，福岡の5取引所があるが，中心は東京証券取引所（東証）であって一極集中が進んでいる。取引は前場（ぜんば）（東証では午前9時～11時30分），後場（ごば）（同じく午後0時30分～3時）と夜間にわかれて行われる。店頭取引は取引所取引に比べて成立している価格がわかりにくい。

　証券取引所は従来，証券会社が会員の会員制組織であったが，資金調達を容易にすること，意志決定を迅速に行うことなどを目指して2001年に株式会社に転換し，大阪証券取引所は上場（証券取引所で取引の対象とすること）も済ませている。

　ビッグバンの一環として証券の委託売買手数料が99年に自由化され，それ以降格安の手数料を武器にインターネット証券会社が台頭している。個人の株取引にしめるネット経由取引のシェアは近年9割を超えている。

② 新興株式市場

　わが国では新興企業の株式を上場しやすくするために，新興企業向けの株式市場が99年にあいついで設立された。東証マザーズ，大証ヘラクレスのほか名古屋，札幌，福岡にもある。最も古いのはその前身の店頭市場が63年にできたジャスダック（JASDAQ）である。これは店頭市場として設立されたが，その後2004年に証券取引所の免許を取得した。マザーズやヘラクレス等は上場要件や上場基準を緩和するなどして上場銘柄数を増やすことに努めている。

(1) ジャスダック（JASDAQ）

　ジャスダック（Japanese Association of Securities Dealers Automated Quotations）は，1991年11月に導入された機械化システムを指すものであったが，転じて株式会社ジャスダック証券取引所が運営する取引所市場を意味する。

機械化システムの導入により売買がコンピュータ化され，証券取引所と同等に大量の注文の付けあわせが可能となり，価格情報の伝達がシステム化された。またこれにより投資家は，証券会社の店頭の端末（QUICK等）を通じて価格情報をリアルタイムで入手できるようになった。

　ジャスダックでは価格決定にマーケットメイク制度を取り入れていた。これは，証券会社がマーケットーメーカーとなり、売買の値段（気配値）を提示して売買しやすくする制度であった。08年から競争売買（オークション）を取り入れた新方式が導入されている。

(2) マザーズ

　マザーズ（Market of the high-growth emerging stocks）は，将来において成長，拡大が期待される事業や新たな技術開発を行う企業に資金調達の機会を与え，投資家に新たな投資対象を提供することを目的に，東京証券取引所において1999年に創設された市場である。

　上場を目指す企業にたいして設立後の経過年数や利益に関する基準を設けないなど，上場基準が従来の市場に比べて大幅に緩和されたことから新興企業の上場が可能になり，申請から上場までの期間も短くなっている。

第8章

デリバティブ

> この章では国債先物を中心に先物市場を取り上げてその役割とわが国の制度と仕組みを説明し，次いで，オプションの仕組みなどを検討することにする。
>
> なお，オプション取引による損益は**付論⑭**（☞129頁）で説明する。

1 デリバティブとは

① デリバティブ

　株式・債券などとして通常取引されるのは実際に存在している現物とよばれる種類である。デリバティブとは株式・債券などの現物（実物。原資産とか原証券ともよばれる）から派生（derive）した**先物，オプション，スワップ**などを指す。これらはしばしば現実には存在せず，仮想的な存在であることが多い。

　国債を例に取り上げると，わが国では1975年からの大量国債発行を経験して国債流通市場で現物の取引が増大してきた。そのため，価格の変動，したがって**利回り**（利子率）の変動により損失を被るリスクも増加しており，リスクを回避する手段が求められるようになった。国債の先物取引はそのための有効な一手段である。

　商品先物とよばれる農産物などの先物は昔から取引されていた。わが国でも**大坂堂島の米取引**がすでに18世紀前半に現行の先物取引の方法を完成させていた。また，オプションのルーツはギリシャにおけるオリーブ絞り器の貸し借りといわれている。

② デリバティブ取引の現況

　米国ではシカゴが取引の中心であり，CME（シカゴ・マーカンタイル取引所）は金融・証券・商品のそれぞれのデリバティブを併せて取引している。これに対し，わが国では金融・証券・商品のデリバティブ取引が別々の取引所で行われているのが1つの特徴である。わが国の証券のデリバティブは国債先物の取引が1985年に証券取引所で始まり，金融デリバティブは通貨先物が89年に東京金融先物取引所（現在の東京金融取引所）で開始

された。

わが国におけるデリバティブ取引は，証券のデリバティブが東京・大阪証券取引所（株式・債券の先物とオプション）で，金融のそれが東京金融取引所（金利先物，金利先物オプション，為替証拠金取引）で，商品のデリバティブが東京工業品取引所（貴金属），東京穀物商品取引所（農産物）などで，それぞれ行われている。しかし近年，金融・証券・商品の取引を1カ所で行い，取引所機能を充実させようとする考え方，すなわち総合取引所構想が提唱されている。

デリバティブにも現物と同様に，取引所での取引のほかに店頭デリバティブとよばれる店頭取引があり，先物取引に類似の先渡し取引やオプション取引が行われている。

❷ 先物とオプション

① 先物市場の役割

先物市場の役割は，第1に現物の価格が変動するというリスクを回避（ヘッジ）する手段を提供し，リスクの移転を可能にする。たとえば大豆が2ヵ月後に収穫できるとする。端境期の今付いている値段（1トン5万円）は高いが収穫期には安くなってしまう（1トン4万円），と農家も買い手も考えるとしよう。今予想されている1トン4万円で2ヵ月後に先物を売るという契約を今しておいて，実際に大豆を渡すのは2ヵ月後にすると，もしそのときに現物の値段が今予想されているよりももっと安く1トン3.5万円になっていれば現物による取引より先物取引（前に予想されていた1トン4万円で）の方がもうかることになる。

また，値段が逆の動きすると予想する人は先物を買うかもしれない。あえて逆の予想をしてリスクを取ることを投機とよぶ。このように先物はリ

スクヘッジや投機の手段ともなりうる。

　第2に，先物取引は将来における価格予想を前もって形成し，それを市場の内外に公告する役割を持つ。先物取引では現物の将来における価格を予想している。上記の大豆のケースでは2ヵ月後の価格を予想して行動している。市場では取引参加者の予想のコンセンサス（一致）として先物価格が決まる。さらには，先物が活発に取り引きされて先物と現物の市場が安定化して拡大し，現物価格と先物価格が互いに影響し合ってともにスムーズに変化する。

② 先物の仕組み

　先物とは，現時点で決まっている価格で証券などの原資産を将来（満期日あるいは限月（げんげつ）とよぶ）において売買すると約束するものである。満期日において，先物を買う契約をしている場合は原資産を受け取り，先物を売る契約をしている場合は原資産を渡すことにより，先物取引の決済をする。この決済法を受渡決済とよぶ。

　先物取引は満期日まで毎日続けられ日々異なる値段がついていく。満期日まで取引を続けないで途中で反対の売買，つまり買いの契約をしていれば売り，逆に売りの契約をしている場合は買いの取引を行い，売買価格の差だけの代金を支払うか受け取るかして取引を終えること（差金決済）も可能である。たとえば，買いの契約をしていて売りを行って決済する場合，安く買って高く売ればその差額を貰えるし，逆に買値が売値よりも高ければ差額を支払わなければならない。

　先物取引は3％程度のわずかな証拠金で取引が可能であり，元手に比べ遙かに多額の取引ができる。たとえば証拠金が3％なら元手の33倍の取引が可能である。したがって少しの値動きがあると，もうかっても損をしても元手よりはるかに大きくなることがある。

　ここで，国債先物を例にとって先物の仕組みを少し詳しくみてみよう。

東京証券取引所（東証）における日本国債先物の売買の対象とされるのは標準物とよばれる架空の銘柄であり，長期国債先物の標準物の属性は満期までの残存期間が10年，クーポンレートが6%である。**架空の銘柄**を決済に使うことはできず，受渡決済に用いられるのはあくまで現物である。

決済の期日（限月）は3，6，9，12月のいずれも20日で，最長期間は1年3ヵ月の5限月制である。取引は各限月の7営業日前まで行われる。

決済の方法には，限月において現物をやり取りすることによる受渡決済と限月よりも前に反対売買する差金決済があるが，実際には後者によるものが大部分である。受渡しに用いることができる現物は，長期国債先物には残存7年以上11年未満の任意の銘柄である。銘柄の選択は先物の売り手，つまり現物の渡し手が行い，彼らにとって最も有利な現物銘柄，つまり最も安く買える銘柄を入手してそれを決済に用いる。受渡しされる現物は最後の取引が終わってから限月までの7営業日の間に用意される。

③ 債券以外の先物

債券以外の先物も取引がなされている。株式では個別銘柄の先物は存在せず，株価指数の先物が取り引きされている。東証のTOPIX先物と，大阪証券取引所の日経平均株価先物の取引は88年に始まった。その後，東証では銀行など3業種について業種別指数などの先物なども取引されている。株価指数は計算によって得られるだけでそれに対応する現物は存在しないので，現物を用いる受渡決済はできず，決済はすべて現金による差金決済で行われる。

預金，通貨に関する先物としては，円短期金利（3ヵ月もの）などが89年に東京金融先物取引所で始められた。

④ オプション

オプションとは，株式や債券などを特定の期日（または特定の期間内

においてあらかじめ決まっている価格（今の価格）で売買できる権利のことである。対象となる特定の資産のことを原資産，原資産を買う権利をコール・オプション，原資産を売る権利をプット・オプションとよぶ。あらかじめ決まっている価格を行使価格，権利を行使できる最終日を満期日とよぶ。先物などと同様に，オプションには取引所で取引される上場物と相対で取引される店頭物とがある。国債についてみると店頭オプションが89年から，取引所での国債先物オプションが90年から取引されている。オプション取引の損益については**付論⑭**（☞129頁）で説明している。

付論 14　オプション取引による損益

　オプション取引では，買い手は売買の際に売り手に対してオプション料を支払うことにより権利を手にするが，義務を負うものではない。一方，売り手はオプション料を受け取ることにより，買い手が権利を行使するときには必ず応じなければならないという義務を負う。買い手は自らにとって不利な状態になったとしても売り手に対して当初にオプション料を支払うだけであり，損失をオプション料のみに限定できる。他方，売り手はオプション料を得られたが，買い手から権利行使されるとそれに応じる義務があるので，場合により損失を被ることもある。

　ここでは原資産を買う権利を内容とするオプション，つまりコール・オプションを取り上げ，取引によって当事者が得る損益を考えてみよう。コール・オプションの保有者（買い手）は，満期日あるいはそれ以前に自らにとって有利な状態になれば，すなわち市場における原資産価格が行使価格よりも高くなれば，権利を行使してそのときの市場価格よりも安い行使価格で原資産を購入できる。

　たとえば，原資産を国債とし，それに対するオプションがあるとしよう。ある日に行使価格95円，オプション料9円のコール・オプションを購入したと考えることにする。

　満期日に原資産である国債の現物が市場で108円になったとする。コール・オプションの買い手は権利（「国債を買うこと」）を行使し，売り手に95円を支払うと国債を受け取ることができる。これを市場で売却すれば代金108円を得て13（＝108－95）円の利益を手にするが，契約時に9円のオプション料を支払っているので，結局4（＝13－9）円の利益となる。逆に売り手は108円で国債を調達して95円で売らなければならないので13円の損

第8章　デリバティブ

失となるが，契約時に9円のオプション料を受け取っているので損失は4円となる。

　逆に，原資産の市場価格が行使価格に比べて自らにとって不利な状態となれば，オプションの買い手は何もしないで権利を放棄してよい。国債の現物が90円になったとする。この場合，オプションの買い手がもし権利行使すれば，95円支払って90円の現物を受け取ることになって差額の5円とオプション料の支払いで14円の損失が出る。したがって，権利を行使せず放棄したほうが有利であり，買い手は権利を行使しない。契約時に9円のオプション料を支払っているので，全体では9円の損失となる。一方売り手は現物を売る義務がなくなり，受け取っていたオプション料の9円が利益となるのである。

第9章

日本の金融証券制度の歴史

　この章ではわが国の金融と証券の制度・市場の推移を説明する。第1節は戦前の制度と市場の状況で、明治から昭和戦前期の金融・証券のあらましを述べる。
　第2節は戦後の制度と市場の状況を説明する。なお、長期国債の発行再開以降は**第3章**で取り上げている。

1 戦前の制度と市場の状況

① 明治期の金融・証券制度の整備

　明治期には各種の金融・証券制度の整備が進められた。明治6（1873）年に日本最初の近代的な民間銀行である第一国立銀行（現在のみずほ銀行の前身）が創設された。その後，普通銀行や**貯蓄銀行**の設立が相次いだ。

　明治15年に中央銀行として日本銀行が創立され，また特殊銀行として横浜正金銀行（現在の三菱東京UFJ銀行の前身，明治13年），日本勧業銀行（現在のみずほ銀行の前身，明治30年），北海道拓殖銀行（明治33年），日本興業銀行（現在のみずほコーポレート銀行の前身，明治35年）がそれぞれ創設された。このようにして金融取引が盛んになり，金融機関どうしで短期的に資金の貸し借りを行うコール市場（短期金融市場）も明治30年代に誕生した。

　政府は明治8年に郵便貯金制度を開始し，その後大蔵省預金局を設置した。これは郵便貯金で集められた資金を運用する公的金融制度の始まりであり，第3章で説明した戦後の資金運用部・財政融資資金制度につながっていく。

　ところで，一般に低開発国では証券市場は債券市場として始まる。わが国における最初の証券は明治3年のポンド建て国債で，ロンドンにおいて発行された。最初に株式を発行した会社は第一国立銀行，最初の社債発行は明治13年に大阪鉄道株式会社が行った。

　明治期には各種の国債が発行された。武士の給料（家禄）を廃止するためその代わりに交付された秩禄公債などの制度変更債のほか，通貨を整理するための債券，殖産興業のための債券，軍事債などがあった。日清・日露両戦争は戦費のかなりの部分を国債に依拠した。明治30年代には鉄道国

有化のために国債が交付された。また特殊銀行のうち横浜正金銀行以外は金融債と後によばれる債券を発行して資金を集めた。

株式取引所は明治11年に東京と大阪に設立された。初めは主として国債が取引されたが，後に株式取引も盛んになった。財閥本社は**持株会社**として傘下企業の株式を公開せずに保有したので，市場には優良株が少なかった。そのため，株式会社であった取引所自身の株式が取引の中心となり，これが取引全体のかなりの割合を占めた。

② 戦間期

大正・昭和の戦間期では，まず大正3（1914）年から同7年までの第1次世界大戦で好景気がもたらされたが直後に大正9年の反動恐慌がおこり，11年の銀行動揺，12年の関東大震災，昭和2年の**金融恐慌**など経済の不振が続いた。

第1次世界大戦後に軍事公債や鉄道・植民地経営のための国債が発行された。コール市場では金融恐慌時に**台湾銀行**が過度に集中して取り入れを行うなどの問題が生じた。

昭和5年に金輸出を解禁して金本位制に復帰した。金本位制の下では物価引き下げ・国際競争力の強化・**国際収支**の均衡を目指して**デフレーション政策**がとられたが，デフレ，4年の世界恐慌，6年に英国が金本位制から離脱したことなどの影響で不況が深刻化したため，6年12月に金輸出を再禁止して金本位制を離脱した。高橋是清蔵相は国債増発政策と低金利政策をとり，7年6月にわが国初の赤字長期国債の発行を開始し，11月には外国にも例がなかった日銀引受による発行を始めた。高橋財政の前半では不況が克服された。その後半，昭和10年頃からは財政健全化と軍事費抑制が目指されたが成功せず，戦費の調達など日銀による財政資金供給の増加は戦中・戦後の**インフレ**を引き起こすことになった。

③ 戦時期

　昭和11（1936）年2月の2・26事件の後に増大する軍事費を賄うために公債漸減政策は放棄され，発行が増えた国債を円滑に消化するために低金利政策が続行された。高金利を求めて資金が海外へ流出するのを防ごうとして内外市場を分断するべく外国為替管理法（8年）などを制定した。

　12年の日華事変後には**臨時軍事費特別会計**の設置を契機として国債発行が急増し，さらに16年の太平洋戦争勃発で激増した。12年の輸入為替管理令，臨時資金調整法，13年の**国家総動員法**などにより日本経済は統制化へ向かった。

④ 戦前の金融構造

　前述のように，戦後わが国では銀行などを経由する間接金融の優位がみられる。しかし戦前期では，**表9-1**に示されるように，必ずしも間接金融が優位であったわけではなく，明治以降昭和10年代半ばまではほとんどの時期で，むしろ有価証券保有の方が預貯金を上回っていた。

表9-1　民間部門の資産構成比

年	預貯金	有価証券
1901-05	31	47
1926-30	36	37
1953-55	45	11
1966-69	42	10

注：各項目の数字は資産の合計を100とするときの各資産のシェアで，単位は％。データの出所は寺西（1982）である。

2 戦後の制度と市場の状況

① 特殊銀行体制の再編

　戦後復興期には連合国総司令部（GHQ）により経済民主化の施策がとられたが、金融市場では大幅な変革は実施されなかった。長期金融と短期金融を分離して長期金融は証券市場に任せるとの方針の下、特殊銀行体制の再編のみが行われた。

　旧特殊銀行のうち、日本勧業銀行と北海道拓殖銀行は普通銀行に、日本興業銀行は長期信用銀行にそれぞれ転換した。日本興業銀行と新設の日本長期信用銀行、商工組合中央金庫と農林中央金庫などは金融債を発行した。

　預金は銀行などの金融機関に集まり、その資金で銀行のうち特に都市銀行が多くの利付金融債を引き受け、さらに金融債を売り出した長期信用銀行などが企業への貸し出しを行った。つまり金融債は間接金融を補完するものであった。

　また、復興金融金庫は昭和20年代前半に石炭・電力・化学などを集中的に振興する政策（「傾斜生産」）を支える金融（「傾斜金融」）を行い、人為的低金利政策による直接金融の不振とあいまって間接金融優位の構造をもたらした。

② 戦後の証券市場

　戦後すぐの証券市場では、持株会社の解体や財閥解体にともない財閥系企業の株式が放出され、個人や**従業員持株会**が株式を保有して株式市場の大衆化が進んだ。これは証券民主化とよばれる。さらに昭和23（1948）年に証券取引法、26年に証券投資信託法がそれぞれ制定され、公社債流通市場（31年）、公社債投資信託（36年）、株式第2部（36年）が開設・開始さ

れて整備が進んだ。36年の金融引き締め以後の株価の低落により、40年には**証券恐慌**を経験した。このとき証券業者の登録制から免許制への移行が行われた。

22年に施行された財政法は赤字国債の発行と日銀引受をともに禁止した。これは戦前の国債発行がインフレーションを引き起こしたとの反省によるものであった。

③ 高度成長期

戦後の経済復興とその後の高度成長期、つまり昭和45（1970）年ころまでのわが国金融は間接金融の優位と証券市場の不振がみられた。金融市場は全体に規制がかけられた市場であったが、その枠組みの特徴として金利規制、業務分野規制、内外市場の分断などがあげられる。

金利規制とは、企業の投資を増やし経済成長を促進するために、金利、とりわけ預金・貸出金利や債券の**利回り**をなるべく低く硬直的に設定していたことを指す。人為的低金利政策とよばれるこのような政策の下で資金の配分がなされ、金利は資金の需要と供給を一致させるレベルよりも低かった。この場合、資金の需要の方が供給を上回り、超過需要が発生した。つまり**信用割当**が行われていたのである（図０-３参照。図の説明は用語解説「信用割当」の項にある）。たとえば、預金金利のうち定期預金金利は36年4月から45年4月までただ一度も変更されていない。貸出金利は預金金利ほど硬直的ではなかったものの、資金の需要と供給の変化に応じて弾力的に変動するという状況ではなかった。

また、債券の発行利回りの決定も建て前は自主的であったが、実際にはほかの金利とのバランスを考慮して狭い範囲で決められていた。50年代初めまでは、債券の元本返済の確実性や発行から償還までの期間の長短、換金の容易さなどの違いに応じていわゆる「（規制）金利体系」が重視され、発行体の信用度が高い方から低い方へ、つまり長期国債、**政府保証債**、地

方自治体が発行する地方債，長期信用銀行などが発行する金融債，一般の企業が発行する社債の順で，利回りは低水準から高くなっていくように決められた。かつ長期国債の利回り自体も市場で決まる流通利回りに比べて低めに決定され，たとえば45年ころの金融逼迫期には，両者の差は約2％にもなった。

　これは，戦後わが国において間接金融が優位で証券市場は振るわず，債券流通市場も規模が小さくて，発行条件を流通市場で決まる金利から切り離して決定することが可能であったからである。金利が自由に決まる流通市場を持っていたのは，電電債（日本電信電話公社債）と現先（債券の条件付売買）取引などごく少数であった。

④ 業務分野規制と内外市場の分断

　高度成長期には金融機関の業務は分野別に規制されていた。こういった諸規制は競争を制限して金利規制を有効にするために設けられていた。

　まず長・短分離は長期金融を長期信用銀行と信託銀行に担わせ，それ以外の銀行は短期金融を担当するという規制である。銀・信分離は信託業務を担当するのは信託銀行のみとの規制である。銀・証分離は銀行に証券業務を認めないとする規制であり，これは米国のグラス・スティーガル法（1933年制定）にならってわが国の証券取引法65条に取り入れられた。内外市場分断は為替管理を行って国内と海外との金融取引を制限するものであった。

⑤ 長期国債の発行再開

　戦後はそれまで発行されていなかった長期国債の発行が昭和40年度に再開された。22年制定の財政法では長期国債の発行が禁止されていたが，政府の財政難から40年度に赤字（特例）国債として長期国債の発行が再開され，翌年度からは**建設国債**として発行が続いた。さらに50年代以降は大量

発行が続けられるようになった。

参考文献
有沢広巳（監修）(1978)『証券百年史』日本経済新聞社。
寺西重郎 (1982)『日本の経済発展と金融』岩波書店。
日本銀行金融研究所 (1986, 1995)『わが国の金融制度』日本信用調査。

用語解説

あ

相対 当事者が1対1で行う取引を相対（あいたい）取引とよぶ。〔2章，7章〕

相対型取引市場 相対型取引は相対取引と同義であり，市場型取引といった場合に相対型取引が使われる。相対型取引は取引を行う当事者間で誰と取引を行っているかわかることが重要であり，取引条件を相手との交渉で決めることができる。こうした取引を行っている市場を相対型市場という。一方，市場型取引は複数の取引者で行う取引であり，取引条件は相手との交渉ではなく，市場で決定される。〔2章〕

インフレ 物価の持続的な上昇。〔6章〕

オプションと先物 先物取引には売買を行う義務があって，満期時の原資産価格がどうなるかにより損失が発生するかもしれないのに対し，オプション取引では買い手は何もしないで権利を放棄して損失を回避することもできる。また，オプションの買い手は提供者（売り手）に対しオプション料を事前に支払わなければならないが，先物では取引の約束時に資金の受け渡しは行わない。〔1章，8章〕

か

外債（外国債券） 外国の発行体が発行する債券。円建てで発行される債券を円建て外債（サムライ債），外貨建てで発行される債券を外貨建て債券（ショウグン債）という。〔1章，7章〕

架空の銘柄 標準物などの架空の銘柄を使うのは次のような理由による。一般に債券の属性はクーポンレートと満期日までの期間（残存期間）により規定され，これらが異なると価格と利回りが異なる。債券は満期日が決まっており残存期間は日々減少していくので，実在する銘柄は日々属性が変化している。したがって実在の銘柄を先物取引に使うと，日々の先物価格の変動が残存期間の違いによるものか，あるいは現物の将来価格の予想が変化したといった先物取引固有の理由によるのか，の区別ができない。また先物取引に使われている銘柄が満期を迎えるとその債券はなくなってしまい，取引には異なる属性を持つ別の銘柄を使わなければならず，先物価格の連続性が失われることになる。〔8章〕

確定拠出型年金（日本版401k） 拠出額つまり掛け金を一定にするタイプの年金である。従来は確定給付型つまり受け取る年金額を決めて掛け金を変えていくタイ

プであった。401kプランとは米国の歳入法401k条項に適う年金で，これに似たプランを日本版401kとよぶ。〔3章〕

完全雇用　マクロ経済学上の概念では，完全雇用とはある経済全体での労働市場の需要と供給が一致している状態である。一般には，非自発的労働者がゼロの状態をいい，働きたい人が全員働いている状態のことを指す。働く意思と能力を持っている労働者がその時の実質賃金率ですべて雇用されている状態である。自らの意思で就業しない自発的失業者や，労働の需給の時間的なずれによる一時的失業者は除く。〔6章〕

既発債　すでに発行されている債券，発行日以降の債券のことである。既発債の償還期日までの期間を残存期間という。また新たに発行される債券を新発債とよぶ。〔2章〕

キャピタルゲイン　価格の上昇によってもたらされる収益。これに対して，配当などから得られる収益をインカムゲインという。〔5章〕

業態別の子会社方式　業態とは金融機関のグループのことで，各グループの金融機関がそれぞれ他の業態の子会社を作って他の業態に参入した。たとえば，銀行の証券子会社，証券の信託子会社などである。〔3章〕

金融恐慌　銀行の経営悪化等により経済全体の状態が危機的になること。〔9章〕

金融持株会社　銀行や証券会社などが作った持株会社のこと。持株会社とは，傘下の企業の株式を保有してその経営を支配する会社である。〔3章〕

グレーゾーン金利　貸出金利については2つの法律でそれぞれ異なるレベルの上限を決めているが，利息制限法の上限を上回りかつ出資法の上限を下回る金利を，合法かどうかあいまいなグレーゾーン金利とよんでいた。〔1章〕

減価償却　企業が保有する建物・機械設備等の有形固定資産の年々の使用による経済価値の減少（摩耗）する部分を補てんするために損益計算上，費用として計上されるものである。また，所得に定期的に費用を計上して，耐用年数のある無形固定資産の取得原価を段階的に減額する会計手法。〔5章〕

現先取引　条件付売買。債券を3ヵ月程度の短期間で売り戻すことを条件にして買う，または買い戻すことを条件に売ることである。債券取引の形態を取っている

が，実質はコールなどと同様に，金融機関どうしで資金の貸し借りを行う短期金融取引にほかならない。〔3章〕

建設国債 公共事業等の財源にするために発行される国債。〔9章〕

公定歩合 日本銀行が民間銀行に貸出を行うときの基準金利。〔6章〕

効用と無差別曲線 消費者が財を消費するかサービスを受ける場合に得られる満足の度合いを効用とよぶ。ミクロ経済学の消費者行動の理論では，消費者は与えら

図0-1　消費者の無差別曲線

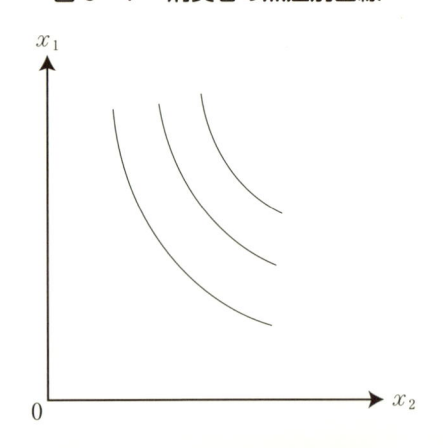

図0-2　投資家の無差別曲線

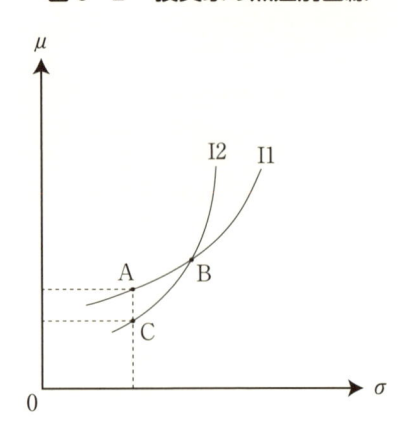

れた予算の制約の下で得られる効用を最大化しようとすると考える。消費についての無差別曲線とは，複数の種類の財・サービスの組み合わせから得られる効用が等しくなるような組み合わせの点を集めたものである。2財の場合は図0-1のとおりである。右上に行くほど財の量は増えるから，効用も増大する。

ポートフォリオ理論ではこれらの概念を転用し，投資家が投資の収益から満足を得ると説明する。資産選択に関する無差別曲線はある投資家が同一の大きさの効用を得られるようなリスクとリターンの組み合わせの点を集めたものである。

無差別曲線を図に描くと，無差別曲線は効用のレベルに応じて何本もあり，また互いに交わることがない。もし交わったら矛盾が生じてしまう。図4-2で示した投資家（危険回避者）の無差別曲線として2本を取り出し，これらが仮に交わっているとする（図0-2のI1,I2）。A点とB点はともにI1曲線上にあるから無差別であり，B点とC点もI2曲線上にあるから無差別である。したがってA点とC点も無差別になる。しかしA点はC点と同じレベルのリスクを持ち，リターンのレベルはC点よりも大きいから，A点はC点よりも好ましく，無差別ではありえない。したがって矛盾が生じるのである。〔4章〕

コール・レート コール市場で用いられる金利。無担保コールレート，有担保コールレートがある。現在，金融政策で操作されるのは無担保コールレートである。〔2章〕

コール取引 銀行など金融機関も一時的に資金が不足したり余ったりすることがある。そのような場合に，金融機関の間で資金の貸し借りを短期的に行う取引である。〔3章〕

国際収支 一国の対外経済取引の収支であり，貿易などの輸出からの収入と輸入からの支出が等しければ，国際収支は均衡する。〔9章〕

国債流動化 65年の国債発行再開後，国債は民間の銀行などが多く買入れた。1年経過すると日銀が買い取ったので，銀行は流通市場で売れなくてもそれほど支障はなかった。しかし75年以降の大量発行にともない民間銀行の手元に国債が増え，日銀がそれらすべてを買い取ると市場に流通する貨幣量（マネーサプライ）が増大することになり，金融政策の観点からこのようなやり方が困難になった。そのため，民間銀行は増えてきた国債を流通市場で売るしか方策はなくなり，国債流動化に進んだ。〔3章〕

個人向け国債 わが国の個人向け国債は変動利付で非市場性（市場で売買できない）という特徴を持つ。債券は通常，利子の大きさを発行前に決めて固定しておくが，

個人向け国債の利子は発行後に他の債券（長期国債10年もの）の利回りに応じて変動する。〔7章〕

国家総動員法　戦争遂行のため国家のすべての人的・物的資源を政府が統制運用できることを規定した法律で，昭和13年に制定された。〔9章〕

さ

財閥の解体　第2次大戦後に行われた財閥中心の経済体制を解体する政策。戦前の財閥の状況については第9章参照。〔3章〕

時価評価　資産を評価するのに時価（そのときの市場価格）で行う方法である。ほかに，原価（取得価格）で行う方法などがある。〔3章〕

資金循環統計　わが国における金融機関，法人，家計などの各部門の金融資産・負債の推移を，預金や貸出といった金融商品ごとに記録した統計。〔1章〕

自己資本・他人資本　資産から負債を差し引いたものが資本である。貸借対照表では，借方には資産が，貸方には負債と資本が記載される。さらに負債は他人資本（あるいは借入資本），資本は自己資本として区別される。〔5章〕

市場性　証券などの金融資産が，市場で売買されるその程度をしめす。市場性が高いとは，市場において証券が頻繁に売買されていることを表している。〔2章〕

資本自由化　金融資産の国際間での売買を自由化すること。特に，外国からわが国への直接投資を自由化すること。〔3章〕

従業員持株会　従業員が自己の資金で自社の株式を保有する組織。〔9章〕

証券恐慌　昭和40年に発生した証券業を中心とする不況。国際収支の悪化に対する金融引き締めで株価が暴落し，山一証券の危機に対して日銀特融（特別融資）が行われた。〔9章〕

譲渡性預金（CD）　一般に預金証書は売買できないがCDは譲渡（売買）を可能にした預金である。金利は規制されない自由金利であった。〔2章，3章〕

消費者金融　個人向けの貸金業者である。預金業務は行っておらず貸出業務を行っ

図0-3　信用割当

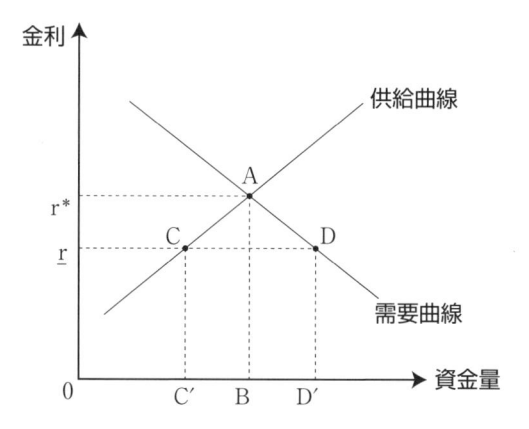

```
金利
│
│              供給曲線
│                  ╱
│                 ╱
│                A
r* ┤───────────╱│
│           ╱   │
r ┤───────C────D
│       ╱ │    │ ╲
│      ╱  │    │   需要曲線
│     ╱   │    │
0 ────┴────┴────┴──── 資金量
      C'   B    D'
```

ている。以前はサラ金（サラリーマン金融）とよばれることもあった。〔1章〕

信用割当　金利が硬直的である等の理由のため、資金の借入需要が供給を上回り、超過需要（満たされざる需要）が発生すること。図0-3で説明すると、金利が上がると、資金の供給量は増えるから供給曲線は右上がりであり、資金の需要量は減るから需要曲線は右下がりである。両曲線が交差するr*点に金利が決まれば需要と供給は一致する。しかし低金利政策でr点に決められれば需要は供給を上回り、C'D'の大きさの超過需要ができてしまう。〔9章〕

スタグフレーション　インフレと不況が同時に発生している状況。〔6章〕

政府保証債　債券は満期が来ると保有者に元本が返還され、それまでは定期的に利子が支払われる。これらの利子支払いと元本償還を政府が保証する債券を政府保証債とよぶ。〔3章〕

早期是正措置　金融機関が破綻するのを防ぐために、監督官庁が金融機関に収益を回復するなど経営を是正するよう指導する措置である。〔3章〕

相互銀行　ルーツは無尽会社で、現在は第2地方銀行という業態を作っている。無尽とは庶民金融の1つの形態で、構成員は講とよばれるグループを作って金を出し合い、集まった資金を使う権利を抽選で得る。〔3章〕

増資　株式会社が資本金を増やすことである。〔3章〕

た

台湾銀行　明治30（1897）年に台湾に設立された銀行で，発券などすべての業務を行った。〔9章〕

貯蓄銀行　個人の貯蓄を引き受けることを主な目的とする銀行である。〔9章〕

敵対的買収　買収される会社が賛同しないのにその会社の株式を買い集めて経営権を取得しようとする買収である。〔3章〕

デフレーション政策　需要が不足して物価が下がっていく現象をデフレーション（デフレ）という。デフレ政策とは意図してデフレを起こす政策である。〔9章〕

投資ファンド　ヘッジファンドなどのように，機関投資家などから運用を委託された資金を株式・債券の運用や企業買収に投資する基金である。〔3章〕

堂島の米取引　江戸時代，大坂には諸藩の蔵屋敷があり，そこに集められた年貢米を換金する大規模な市場が堂島（現在の大阪市北区の一部）に設けられ，標準物を用いる取引が行われた。〔8章〕

特例国債　財政の赤字を補うために発行される国債。各年度に特例法を作って発行される。赤字国債ともいう。〔9章〕

取引所集中原則　証券取引所で売買される（「上場されている」という）株式の取引は取引所をとおして行うことを義務づける原則。〔3章〕

な

内部留保　税引き後の純利益から配当や役員報酬を引いたものである。企業金融論では，配当として支払われずに，企業の資本に蓄積される利益を指す。〔5章〕

ネット証券取引　インターネットをとおして証券の売買を注文する方法である。個人の株式売買の大部分はネット経由で行われている。証券会社にはネット専業証券もある。〔3章〕

は

非市場性　非市場性債券とは市場で売買することができない債券である。満期前に換金したい個人向け国債の保有者は国（財務省）に引き取って貰うが，その際ペナルティを取られる。〔7章〕

ビッグバン　そもそもは宇宙の成立期の爆発を指す。金融ビッグバンは英国の証券業界が実施した大改革のことである。〔3章〕

ファンドマネージャー，ポートフォリオマネージャー　年金基金，保険基金などの運用責任者であり，リスクを最小限に抑えて投資利回りをできるだけ大きくする責任を負っている。〔1章〕

複利の最終利回り　式で示すと以下のrが複利の最終利回りとなる。

$$P = \sum_{k=1}^{i} \frac{C}{(1+r)_k} + \frac{FV}{(1+r)_i}$$

　ここにPは購入価格，Cは利子，FVは額面（元本），iは満期までの残存期間数（年に2回利払いが行われるなら2×残存年数）である。各期に得られる利子Cと満期日に得られる元本のそれぞれの現在価値の合計はこの債券の価値を示すが，これを債券の価格に等しくさせるような割引率が複利の最終利回りである。〔7章〕

物価の硬直性　物価が短期間でそれほど伸縮的には変化しないこと。〔6章〕

物価連動国債　通常の債券の元本と利子額は発行前に決まり固定されるが，それらが物価に連動する債券が物価連動債である。たとえば，物価が2倍になると元本も利子も2倍になる。このような債券であれば，インフレが発生しても債券の元本・利子の実質価値，つまり元本額などを物価水準で割ったものはインフレ発生前と変わりがないことになる。〔7章〕

ま

マーケットメイク　証券会社が証券の売買の相手方になり，証券会社が提示する価格（気配値）での売買に応じること。通常は投資家どうしで売り買いが行われるが，売り手だけがいて買い手がいない，あるいは逆に買い手しかおらず売り手はいないとすると，取引は成立せず市場は閑散としてしまう。このような場合でも

証券会社が取引の相手方になってその取引を成立させるようなやり方をすれば，取引が活発になる。〔2章，7章〕

持株会社 他の会社を支配するためにその会社の株式を保有する会社。〔9章〕

ら

利潤最大化 企業は生産可能な生産集合の中で，利潤が最大となるような生産の組み合わせを選択する。この行動が企業の利潤最大化である。〔5章〕

利回り 投資家の投資した資金に対する収益率を表す指標。〔1章〕

臨時軍事費特別会計 戦争の際に戦費をまかなうために特に設置された特別会計である。戦争の継続中は1会計年度として扱われ，必要に応じて追加予算が組まれた。〔9章〕

わ

割引く 将来発生するキャッシュ・フローなどを現在の価値に換算すること。一般的に，この際に用いられる金利を割引率という。用語「割引現在価値」も参照。〔5章〕

割引現在価値 現在価値ともよび，現在時点における価値を意味する。将来（たとえば1年後）の収入をもし今得るとすればどれだけの価値を持つか，を示す。割引率としては通常，市場で決まる市場利子率が用いられる。

複利で計算すると，現在Pの大きさの元手があれば，1期後に元利合計はP(1+r)，2期後にはP$(1+r)^2$となる。n期後にはP$(1+r)^n$となり，これをFとすると現在価値PはP=F/$(1+r)^n$として得られる。〔5章〕

索 引

あ

IS-LMモデル …………………… 90
IS曲線 ………………………… 90,92
相対 …………………… 42,119,140
相対型取引市場 ……………… 36,140
赤字国債 …………………… 133,137
アベイラビリティ効果 ………… 106
安全資産 ………………………… 55
アンダーライティング ………… 22

Eオペレータ …………………… 70
異時点間の取引 ………………… 3
委託売買 ……………………… 114
インターバンク市場 …………… 38
インフレ ……………………… 140
インフレ・ターゲット ………… 111

受渡決済 ……………………… 126
売りオペ ……………………… 100

エクイティ・ファイナンス …… 76
LM曲線 ……………………… 90,93

オープン市場 …………………… 39
オプション ………………… 127,140
オプション料 ………………… 129
オリジネーター ………………… 34

か

買いオペ ……………………… 100
外国為替市場 …………………… 36
外債（外国債券） ……………… 140
外部資金 ………………………… 76
戒律変数 ………………………… 68
架空の銘柄 ………………… 127,140
確定拠出型年金（日本版401k）…… 140
確定利付き証券 ……………… 115
確率変数 ………………………… 53
貸し渋り ………………………… 32
株価指数先物 ………………… 127
株価収益率 …………………… 116
株式 …………………………… 43,114
株式投資信託 ………………… 24
株式取引所 …………………… 133
株式売買手数料 ………………… 49
株式持合 …………………… 47,115
貨幣 ……………………………… 95
為替リスク ……………………… 24
間接金融 ………………………… 13
間接金融優位 ……………… 61,135
間接証券 ………………………… 14
完全雇用 …………………… 102,141

機会軌跡 ………………………… 56
危険愛好者 ……………………… 54
危険回避者 ……………………… 54
危険資産 ………………………… 55
危険中立者 ……………………… 54
期待効用 ………………………… 63
期待値 ………………………… 53,70
機能 …………………………… 6,18
既発債 ……………………… 42,141
規模の経済 ……………………… 31
逆選択 …………………………… 29
キャピタルゲイン ………… 79,141
業態別の子会社方式 ………… 141
共分散 ……………………… 65,70
業務分野規制 ………………… 137
業務分離の自由化 ……………… 47
銀行 ……………………………… 16
銀行の銀行 ……………………… 89
金本位制 ……………………… 133

金融機関 ………………………………… 12
金融恐慌 ………………………………… 133,141
金融債 …………………………………… 117,135
金融市場 ………………………………… 36
金融システム改革法 …………………… 48
金融自由化 ……………………………… 46
金融商品 ………………………………… 12
金融商品取引法 ………………………… 49
金融商品販売法 ………………………… 49
金融仲介機関 …………………………… 15
金融庁 …………………………………… 49
金融的流通 ……………………………… 7
金融派生商品市場 ……………………… 36
金融ビッグバン ………………………… 48
金融持株会社 …………………………… 16,48,141
金輸出 …………………………………… 133
金利規制 ………………………………… 136
金利の自由化 …………………………… 47

グレーゾーン金利 ……………………… 27,141

経営参加権 ……………………………… 115
経済政策の目標 ………………………… 88
ケインジアンの交差図 ………………… 92
ケインズ効果 …………………………… 105
決済サービス …………………………… 6
減価償却 ………………………………… 76,141
限月 ……………………………………… 126
現在価値 ………………………………… 74
現先取引 ………………………………… 39,141
建設国債 ………………………………… 137,142

公開市場操作 …………………………… 100
行使価格 ………………………………… 128
公社債投資信託 ………………………… 24
公定歩合 ………………………………… 99,142
高度成長 ………………………………… 136
公募入札 ………………………………… 118
効用 ……………………………………… 54,142

効率的フロンティア …………………… 59
コーポレート・ガバナンス …………… 47
コール・オプション …………………… 128,129
コール・レート ………………………… 143
コール市場 ……………………………… 38,132
コール取引 ……………………………… 143
子会社方式の相互乗り入れ …………… 47
国債 ……………………………………… 116
国際収支 ………………………………… 143
国債流動化 ……………………………… 46,143
個人向け国債 …………………………… 115,143
護送船団方式 …………………………… 48
国家総動員法 …………………………… 134,144
国庫短期証券 …………………………… 41,117
後場 ……………………………………… 120
米取引 …………………………………… 124

さ

債券 ……………………………………… 114
債券現先市場 …………………………… 39
債券市場 ………………………………… 42
債券貸借市場 …………………………… 40
債権の流動化 …………………………… 33
最後の貸し手 …………………………… 89
最終利回り ……………………………… 118
財政投融資 ……………………………… 27,49
財政融資資金 …………………………… 50
裁定 ……………………………………… 78
財投機関 ………………………………… 50
財投機関債 ……………………………… 50
財投債 …………………………………… 50
財閥解体 ………………………………… 47,135,144
先物 ……………………………………… 125,140
差金決済 ………………………………… 126
サムライ債 ……………………………… 117
産業的流通 ……………………………… 7
残存期間 ………………………………… 118
残余財産分配請求権 …………………… 115

CD市場	40
CP市場	42
時価評価	144
時間選好	52
資金運用部	49
資金過不足	9
資金循環勘定	9
資金循環統計	144
資金仲介機能	3
自己資本	76,144
自己売買	114
資産効果	105
資産変換機能	18,31
市場	43
市場型間接金融	15
市場型金融市場	36
市場性	33,144
自発的失業	102
資本構成	77
資本コスト	76
資本自由化	47,144
社債	117
ジャスダック	120
収益率	53
従業員持株会	144
需要	95
ショウグン債	117
証券	114
証券化	33
証券会社	21
証券化商品市場	36
証券業	114
証券恐慌	136,144
証券仲介業	48
条件付き債券売買	40
証券取引所	43,119
証券取引等監視委員会	49
証券民主化	135
証拠金	126

上場投信	24
譲渡性預金（CD）	40,144
消費者金融	2,144
情報	18
情報の非対称性	6,29
正味現在価値	75
新興株式市場	120
信託	20
信託銀行	19
信用割当	145
スタグフレーション	88,145
ストック	9
政策効果の非対称性	107
生産	18
政府系金融機関	27
政府短期証券	41,116
政府の銀行	89
政府保証債	117,145
生命保険	25
セリング	21
前場	120
相関係数	57,65,69
早期是正措置	48,145
総合取引所	125
相互銀行	17,145
増資	146
損害保険	25

た

第2地方銀行	17
タイムラグ	107
台湾銀行	133,146
高橋財政	133
他人資本	77,144
短期金融市場	37
短期国債	41,116

単利 …………………………… 118

秩禄公債 ………………………… 132
地方銀行 ………………………… 17
地方債 …………………………… 117
中間目標 ………………………… 109
中期債 …………………………… 116
長期金融市場 ………………… 37,41
長期国債 ………………………… 137
長期債 …………………………… 116
超長期債 ………………………… 116
直接金融 ………………………… 14
貯蓄銀行 ……………………… 132,146

ディーリング …………………… 22
手形市場 ………………………… 39
敵対的買収 …………………… 47,146
デット・ファイナンス ………… 76
デフレーション政策 …………… 146
デリバティブ …………………… 124
転換社債 ………………………… 117
店頭デリバティブ ……………… 125
店頭取引 …………………… 42,119,120

投機 ……………………………… 125
倒産 ……………………………… 84
投資信託 ……………………… 15,23
投資信託委託会社 ……………… 22
投資ファンド …………………… 146
堂島の米取引 …………………… 146
特殊銀行 ……………………… 132,135
特別目的会社 …………………… 34
特例国債 ………………………… 146
都市銀行 ………………………… 17
TOPIX …………………………… 116
取引所集中原則 ………………… 146
取引所集中原則の廃止 ………… 49
取引所取引 …………………… 42,119
ドル・コール市場 ……………… 39

な

内・外市場分断 ………………… 137
内部資金 ………………………… 76
内部収益率 ……………………… 75
内部留保 …………………… 76,146

日米円・ドル委員会報告書 …… 47
日経225 ………………………… 116
2パラメータ・アプローチ …… 53
日本銀行 ………………………… 88
日本銀行の独立性 ……………… 90
入札 ……………………………… 41
ネット証券取引 ……………… 49,147

ノンバンク ……………………… 26

は

配当利回り ……………………… 116
発券銀行 ………………………… 89
発行市場 …………………… 42,43

引受 ……………………………… 114
引受シンジケート ……………… 117
非金融仲介機関 ………………… 15
非市場性 ……………………… 118,147
ビッグバン ……………………… 147
標準偏差 ………………………… 68
標準物 …………………………… 127

ファンドマネージャー ……… 23,147
含み益 …………………………… 47
複利 ……………………………… 119
複利利回り ……………………… 147
普通株 …………………………… 115
物価の硬直性 …………………… 147
物価連動国債 ………………… 118,147
復興金融金庫 …………………… 135
プット・オプション …………… 128
不動産投信 ……………………… 25

フロー	9
ブローカレッジ	22
分散	53,68
分散投資	23
分離定理	61
ペイオフ	48
平均	68
ヘラクレス	120
法人税	83
ポートフォリオ	52
ポートフォリオマネージャー	147
ホールセール業務	18
本源的証券	13

ま

マーケットメイク	121,147
マザーズ	121
マネーセンター・バンク	19
無差別曲線	54,64,142
メインバンク制	18
モーゲージ担保証券	33
モジリアーニとミラーの定理	78-83
持株会社	133,148
モニタリング	32
モラル・ハザード	30

や

優先株	115
郵便貯金	27
預金準備率	100
預金取扱期間	15

ら

リージョナル・バンク	19
利益配当請求権	115
利潤最大化	148
リスク	4,53,68
リスク配分機能	4
利付債	116
リテール業務	18
利回り	118,148
利回り革命	116
流通市場	42,114
流動化	33
流動性のわな	104
臨時軍事費特別会計	134,148
劣後株	115
レバレッジ	79
レポ取引	40

わ

ワラント債	76,117
割引現在価値	74,119,148
割引債	116
割引率	75
割引く	148

【著者紹介】

釜江廣志（かまえ ひろし）
1948年生。
1975年一橋大学大学院経済学研究科博士課程修了。
一橋大学教授等を経て現在，東京経済大学経済学部教授，一橋大学名誉教授，
博士（商学）。

〈主著〉
『昭和財政史 昭和49-63年度 国債・財政投融資』（共著）東洋経済新報社，2004年。
『日本の国債市場と情報』有斐閣，2005年など。

皆木健男（みなき たけお）
1976年生。
2006年一橋大学大学院商学研究科博士課程修了。
現在，北星学園大学経済学部准教授，博士（商学）。

〈主著〉
『ファイナンス入門』創成社，2009年など。

平成23年4月5日　初版発行　　　　　　　　　　（検印省略）
略称：釜江金融

金融・ファイナンス入門

著　者　　釜　江　廣　志
　　　　　皆　木　健　男

発　行　者　　中　島　治　久

発　行　所　　同文舘出版株式会社
東京都千代田区神田神保町1-41　〒101-0051
営業(03)3294-1801　　編集(03)3294-1803
振替　00100-8-42935　http://www.dobunkan.co.jp

©H. KAMAE　　　　　　　　　　製版　一企画
　T. MINAKI　　　　　　　　印刷・製本　萩原印刷
Printed in Japan 2011
ISBN978-4-495-44011-4